"嵐"のあとを生きる人たち
「それいゆ」の15年が映し出すもの

■ もくじ

004　はじめに

007　**第1章**
Home（暮らしの場・居場所）を創ろう

・精神科病院とカウンセリングルームでとりこぼしてきたもの

・援助の場面とジェンダーの不平等

・たくさんの人たちに背中を押されながら

032　[論考]
暴力被害者の安全とつながりの感覚，その再生を目指して
―精神障害者地域生活援助事業（グループホーム）の実践―
（『社会福祉研究』91号, 2004）

043　**第2章**
Café（働く場）を開く

・社会のなかに居場所を見つけるために

・プレ就労と能力（ちから）の凸凹

・「障害者自立支援法」における就労

076　[論考]
「往来葉書」やってみませんか？
（『精神看護』13（4）, 2010）

コラム

011　山下聖子
012　橋本ひとみ
016　とも
019　坂上　香
024　まるこ
026　藤田さかえ
031　澤下靖典
048　平川和子

055　MAYUMI
060　望月和代
066　倉田めば
088　平澤昌子
092　優歩
097　梶間　弓
100　上岡陽江
103　山家研司

105　檜垣知里
130　森　享
138　鶴田桃エ
142　信田さよ子
146　早苗麻子

087 **第3章　支援の正念場**

- 相次ぐ移転
- 暴力被害をどう生き抜くのか
  ——長く続く回復のプロセス
- 「心的外傷体験と向き合う」
- 支援の正念場

[論考]
120　女性のアディクションへの援助
（『精神科治療学』28. 増刊号, 2013）

127 **第4章　誰もが"当事者"の時代**

- 生きていく大変さに変わりはない
- 援助者はどこに立つか
- 「それいゆ」のこれから

150　[書評]
『裸足で逃げる』上間陽子 著

[論考]
151　「その後の不自由」を生き延びる
（『ヒューマンライツ』332, 2015）

155　ジェンダーをめぐる当事者研究
（『臨床心理学』増刊第9号, 2017）

164　発達倶楽部の当事者研究
（『臨床心理学』増刊第9号, 2017）

173　「それいゆ」の歩んできた道

174　おわりに

はじめに

　北海道札幌市にて2002年に始まった「それいゆ」の取り組みは、今年で16年を迎えます。はじめは任意団体から、その後NPO法人リカバリーとして認証（2004年）され、現在は4箇所の施設運営をおこなっています。

　支援の対象を「さまざまな被害体験を背景に、精神的な病いや障がいを抱える女性」とし、暮らしの現実的な困りごとに向き合いながら、その解消に取り組む仕事をしています。法人はまた、対象者の直接的な援助のほかに、市民や専門職を対象とした講演会や研修などもおこなっています。「それいゆ」につながる女性たちが抱える困難を、個人的なことではなく、社会的なこととして理解する。それを常に意識してきました。

　これまでの取り組みを、一冊の本にまとめよう。その考えは開設して10年経過した頃からあったのですが、常に思わぬ出来事に巻き込まれて叶いませんでした。昨年は運営する独立型グループホームの一室が火事になり、しかも入居者が火元であったという重い事実を突きつけられました。「日本じゅうから、一番大変な人を引き受けている」と、ダルク女性ハウスの上岡陽江さんからはいつも呆れられますが、その意味をあらためて実感しました。

　いったん立ち止まり、始まりのころを振り返る時期に来ている。そう思いました。

　本にする時は、法人が賛助会員に向けて発行してきた機関誌の巻頭言を軸にしようと決めていましたので、15年の流れを4つの章に分割し、それぞれの時期を象徴する巻頭言を数本選びました。そして各章の最後には、2018年の今からその頃をどう捉えるかの書き下ろしを加えました。また、その時期に雑誌や専門誌に寄稿した論考も掲載していま

す。本書には、これまで「それいゆ」を応援してくれた人、利用してくれた人、働いてくれている（くれた）人のコラムも収められています。それぞれが感じてくれた「それいゆ」を、ご紹介出来るのは大変嬉しいことです。

　この本を手にとってくれたあなたは、どんな方でしょうか。私たちと同じように、困難を抱える人を支援する人、あるいはいつか「それいゆ」と出会いたいと考えている人、あるいは「それいゆ」の活動をどこかで知って関心を持ってくれた人。様々な顔が浮かびます。

　この本は、小さなNPOがふうふう言いながら、多くの人達に支えられ試行錯誤の援助を展開してきた記録です。「嵐」のような出来事を体験し、その後を必死で生きていく人たちと共に一緒に泣き笑いしながら、同時にそこから見える社会の現実も描こうとしました。

「書き残さなければ、忘れ去られる物語がある」
　私は上間陽子さんのご著書の書評で、最初にその一文から始めました。それと同じ思いが、この一冊に込められています。手にとってくださったあなたにも、その思いが届くことを願っています。

第1章
HOME
[暮らしの場／居場所]
を創ろう

[創刊号　I'm Home！] ―――――――― 2002年8月発行

　新しい女性のための場所を立ち上げたい。
　そう決めたものの何をどこから始めたらいいのか。何もかも手探りながら多くの人の力を借りて、このたびようやく作業所、そしてグループホームの場所が決まりました。まずはそのご報告からさせてください。
　3年前に精神病院を辞め、縁あって地域で仕事をするようになって分かったことは、人が集う場所、暮らしを共有する場所には絶対「心地よさ」が必要だということでした。それは、高価な家具や調度品で創り出されるものではありません。こざっぱりとして、質素だけど気の利いた物が、過不足なくあることが大切です。贅沢が叶う時は利用者の好みを聞いて、色遣いに気を配ったり素材にこだわったりします。そうやって整えた空間は、利用される人たちの交流によって使い込まれ、独特の雰囲気を醸し出していくのです。空気の流れや音なども「心地よさ」のバロメーターとなることは、作業所を運営してみて、初めて知ったことでした。
　札幌マック女性共同作業所でのこうした3年の経験を経て、「それいゆ共同作業所」、「リカバリーハウスそれいゆ」は、それぞれのスタートにふさわしい場所を得ました。作業所は地下鉄白石駅のすぐそばにあるマンションの一室（3LDK）です。地下鉄出口から徒歩一分、マンションの一階にはスーパーがあり、分かりやすさとアクセスの良さは抜群です。電話をつけ、事務機器を入れ、ソファを用意するなどして、少しずつ部屋が整ってきました。プログラムが決まり「利用のしおり」もほぼ出来上がりました。賛助会員や関係機関、問い合わせの方に送って、利用希望者との面接をさせていただく予定です。
　グループホームの方は、菊水に念願の一軒家を見つけました。大家さんとは私が札幌マックで働いていた時からのおつきあいで、メンバーさんが食事のボランティアに行かせてもらっていました。このたび大家さんが本州に住む娘さんご一家と同居されるのを機に、長年住まわれた思い出の多い家を、丸ごと借受けることが出来ました。古い家ですが、手

入れが行き届き、住む人の息遣いが残る雰囲気に、3年通っていくうちに、私がすっかり気に入ってしまいました。家庭菜園や庭の木々も、きっと入居者にとって憩いのスペースとなるでしょう。お部屋は全部で7つ。6人分の個室と当直室、その他にリビングがあり十分な広さです。こちらは入居に向けて内装工事が始まり、9月上旬からの入居が可能となります。なお入居のお問い合わせは、セキュリティの関係で、すべて作業所の方でお受けしますのでご了承ください。

　こうして、ひとつひとつが形となり、準備も大詰めを迎えています。

　あらためて準備をしながら考えさせられることは、こうした場づくりの一方で、利用者にとって作業所やグループホームがどのような役割を担うのかといった、いわば設立の目的や理念を繰り返し練っていかなくてはならないということです。立ち上げの趣意書に「一人でも多くの女性が、安心して助けを求め自尊心を高めていける、そんな場所になっていくように、利用者と力を合わせていく」と書きました。それはお手伝いする側と、利用者自身の双方が主体的に考え行動し、対等な関係のなかで育ててこそ可能だと思っています。

「I'm Home !」（ただいま！）

作業所やグループホームのドアを開けた時、そこが自分の居場所だと感じられるような安らぎと、「一人ではない」という感覚がいつもあるように。「それいゆ」（フランス語で"太陽"の意味）と名づけたその意義を大切にしていこうと思います。

[No.2　みんな大好きだよ]　――――――――2002年12月発行

「それいゆ共同作業所」と「リカバリーハウスそれいゆ」がオープンして、早いもので3ヶ月が過ぎようとしています。この3ヶ月を形容すれば「嵐のような」ということになるのでしょうか。毎日のように「何か」が誰かに起こっていて巻き込まれ、対応に追われます。

そんな中で、利用者もスタッフも自分の気持ちを立て直すのが、作業所で行っている「プログラム」です。90分という決められた時間を、決められた内容にそって過ごすことで、落ち着きを取り戻し新しい気付きをもらったりするのです。どちらかというと「それいゆ」では、芸術的手法を用いた「作業」をプログラムとしています。コラージュや織物、陶芸、粘土細工など、色や形を創造することで自分の内面を客観視したり表現したりします。一方で言語を用いたトレーニングや集団療法もありますので、こうした2つの異なる方法を使いながら「自らが望む形の社会参加」を探していくわけです。

「それいゆ」にはさまざまなアディクション（依存症）を抱える方だけでなく、対人関係に不安を持つ人や就労までの準備段階として利用されている方など、多様な背景を持つ利用者が通所、入所されています。作業所には10名ほどが通所、グループホームには6名が入所され自分の課題に取り組んでいます。

ところで、いつも集団の中で他者の振る舞いを通じて、自分の課題を突きつけられるのは、時としてしんどいものです。「自分もそうだった」という共感よりも、「いい加減にして」とか、「そこはまだ見たくない」

という気持ちが生まれたりします。相手のことと自分のことにうまく境界線が引けなくなり、心配するあまり相手に干渉し疲れてしまうなど、その人間関係から逃げ出したくなってしまう気持ちになることもあるようです。そんなひとりひとりを、スタッフは集団として、ある時は個別にサポートしていくわけですが、そこで起こる出来事にスタッフ自身が翻弄されることも珍しくありません。利用者がお互いに対して持つ感情を否定せず、かといって相手に攻撃的になるのではなく、自分が持っていられるちょうどよいサイズにする。あるいはうまく折り合いをつけ、

それいゆとの15年

特定医療法人北仁会旭山病院（作業療法士）／それいゆ理事　山下　聖子

　それいゆとの出会いは、開設当時の土曜日の創作活動。当時は陶芸を行っていました。あまり広くない部屋にブルーシートを敷き詰めて作品作りを行ったのですが、手を動かすだけでなくおしゃべりもはずみ、楽しいひとときでした。
　それいゆで出会うメンバーは、いろいろな経過の中でそれいゆにたどり着き、さまざまな思いを抱えながらの毎日だったと思うのですが、皆いつも明るい笑顔をみせていました。
　それいゆでは私が知っているだけでも実にさまざまな出来事がありました。激動ということばがまさに当てはまる、そんな15年だったように思います。けれど、そんな中でもお会いするメンバーは、いつでも笑顔でした。それいゆに来た方は、それいゆの中で少しずつ、確実にたくましくなっていくのだな、と感じさせられます。かくいう私も、それいゆでみなさんと過ごす中で元気をもらい、頑張ろうという前向きな気持にさせてもらっているなーと思います。
　今年に入って久しぶりに土曜日の創作活動が再開されました（今度は編み物）。メンバーは初対面の方がほとんどですが、そんなことを感じさせないあたたかくなごやかな中で、再び楽しい時間を過ごさせてもらっています。
　これからも、それいゆではいろいろなことが起こると思います。けれど、その都度それいゆはたくましく、力強く変化し続けていくことと思います。そんなそれいゆの変化を、これからも応援し続けていきたいと思っています。

そこから自分の何かに役立つヒントを見つける。こう言うのは簡単ですが、その人、その人の辛さやしんどさが分かるだけに、利用者もスタッフも困惑して判断を間違ったりしては慌てています。ある時は利用者が相手にぶつけられない感情をスタッフが引き受けるなど、こうした毎日の中で鍛えられています。

　この頃ふっと思うのですが、「それいゆ」の利用者の多くは本当に自分が必要とした時に誰かに支えてもらい、傍にいて見ていてもらった体験をしていない。他者へ助けを求める方法を教えてもらっていない。そして、求めていい時を知らないんだなあ。自分で向き合って、自分でつきあっていくべき課題であっても、自分を支えてくれる人たち、見てい

ざっくりでいいなら酒井はこう書く

橋本　ひとみ

　それいゆを開設した頃は、15周年を祝う日がくるなんて誰が思っていたでしょうか。1周年のお祝いに信田さよ子さんと上野千鶴子さんを呼んでしまうくらいの達成感があったというのに。そしてそのお祝いのコラムを私が書けるなんて、思ってもいませんでした。それいゆ史上最も虚弱なスタッフ、酒井改め橋本ひとみです。自分がこの時に退職していて、生きているなんてあの頃は思ってもいませんでした。

　それいゆを開設したての頃のお話をしましょう。

　思い出すと、「苦労はしたなぁ」という苦笑とともに、「たのしかったなぁ」という思いがこみ上げます。私にとって大変だったのは、①お金がとにかくいつもなかったこと、②やりたいことに対してスタッフが足りなすぎたこと、③ヘヴィすぎるメンバーに対してスタッフがベテラン1（大嶋さん）に新人1.5（私と非常勤の末神さん）だったこと、④携帯番号を開示していたので、昼夜問わず泣いたり怒鳴ったりの電話がかかってくること、⑤虚弱すぎて体がいつも限界0.5歩手前だったことでしょうか。③〜⑤に関しては、今となっては自分の未熟さの問題だけだったのでアレですが、①と②にはずっと悩まされました。

　お金がないので収益事業と賛助会員募集を兼ねて沢山の企画モノをやりました。日々のイベントやいたわりなどの「暮らしのささやかなこと」を大事にし

てくれる人たちの存在はとても大きいものです。そのことを「それいゆ」を運営するなかで、ひとりひとりに伝えていけたらいいのになあと思います。「みんな、大好きだよ」――人一倍愛してほしい利用者たちに鍛えられながら、スタッフも自分の体や気持ちを大切にするサポートの在り方を模索する日々が続いています。

[No.5 出会うこと、繋がることの力] ────2003年12月発行

　気がつくと2003年も残りわずか。これが今年最後のニュースレターとなります。この1年もたくさんの方達と出会い、支えられてここまで

て、それを今まで経験できなかった人達に「生活の一部」として持たせてあげたいと思っていても、いかんせん人手が足りなくて、大嶋さんなんていつも4人分くらい働いていたと思います。あれでどうして体壊さないんだろう、と虚弱すぎる私はいつもハラハラしていましたが、今もお元気そうで何よりです。
　メンバーのヘヴィさに関しては、全国各地から「ここで引き受けないと死んでしまう」という人ばかりを受けていたので当然として、それにしてもみんなよくあんなにスタッフを試すことに一生懸命だったなぁ、と今になると思います。「これでもかい！　これでも見捨てないのかい！」とムチを振るう人々に驚かされた日々。発電できそうなエネルギーをぶつけられるのは正直ひどく疲れましたが、困ったことにみんなと過ごすことはいつもとても楽しくて、辞められなくて困りました。
　結局のところ、私にとって一番大変だったのは、「自分の希望と可能の間を受け入れる」ことだったかもしれません。みんなに何ができたのかは分かりません。でも、少なくとも卒業生の人達は、「今日もこの世でなんとか生きていけそう」と思っていてくれるような気がします。その気持ちのすみっこに、「こんな虚弱で何もできない酒井さんでも生きてるんだから、私も幸せになれるかも」という要素として私が残っていられたら幸せです。
　これからも、それいゆがこの理不尽だらけの社会とどうつき合いながら進むのかを楽しみに見守りたいと思います。

きたという感謝をしながら振り返ってみたいと思います。

　春、利用者とともに「浦河べてる」を訪れました。年に1度の総会で、今年は誰が幻覚妄想大賞を受賞するのか見にいこう。べてるの人たちが発する率直な言葉の力に何度か触れる機会のあった私達でしたが、帰りの車中は思いがけず沈黙と重苦しい雰囲気に包まれていました。札幌に向けて走るうちに、ぽつりぽつりと感想が出ました。ミーティングで自分を語る練習を重ねてきた人が多かったにもかかわらず、彼女達はべてるの人たちの語りの率直さに圧倒され、「ありのままの自分」という言葉のもつ意味を改めて自分に問われたような気がしたといいます。「お前はどうなのか？」彼らの言葉が、そう自分に問いかけている。爆笑に次ぐ爆笑に包まれる会場を後に、私達の車に流れる沈黙は重苦しいものではありましたが、それは何かを生み出す、考え抜くために必要な沈黙のように私には思えました。なかでも、とびきり元気のよかったべてるの女性達と秋に交流会を企画したのですが、残念ながら直前の地震で延期。来年はぜひ実現したい企画です。

　夏、東京にあるダルク女性ハウスに2週間お邪魔しました。ダルク女性ハウスは今年で施設を設立して13年。日本でも数少ない、当事者主体による女性の依存症者のための施設です。フリッカという昼間の場所と、ナイトケアをする場所の2ケ所を運営され、これまで薬物の問題を抱える女性のサポートを地道に続けてこられました。1月にも2週間滞在したのですが、夏はとくにダルク女性ハウス代表の上岡はるえさん、スタッフのぴーちゃん、大阪にあるフリーダム（薬物依存症の問題、予防から回復のための広い啓蒙活動をおこなう機関）の代表である倉田めばさんの3人に聞き取り調査をするためにうかがいました。私がずっと探究のテーマにしてきた、ジェンダーの視点からみる女性の回復についてお話を聞いたのですが、新しい発見や気づき、3人の言葉の豊かさに「すんげえ」と唸って帰ってきました（目下この結果のまとめ作業中）。

　この調査とは別に、はるえさんがぜひ会ってみるといいよと紹介してくださったのが、自立援助ホーム「憩いの家」の寮母さんをなさってい

る三好洋子さんでした。世田谷にある家をお訪ねしてお話を聞いたのですが、いろいろな事情で家族とは暮らせない10代から20代の子供たちが、社会に"独り立ち"するまでの間、職員に支えられながら過ごす場所です。三好さんはそこで長く寮母として働いてこられた方ですが、子供達と全身でぶつかりながら真剣に向き合う姿勢、子供達の話を「聴くこと」に対してみせる繊細かつ大胆な発想に驚きました。と同時に、私は何故か対象とする人は違っても、自分と同じような感覚（三好さん、大きな勘違いだったらごめんなさい）で利用者に向き合う人と出会えた嬉しさで一杯でした。帰り道、バス停まで見送って頂いたのですが、「またきっと会える」という不思議な確信にも似た感覚に包まれました。それにしても、私と三好さんを繋げてくれたはるえさんの感覚、そしてそのために惜しまず骨をおってくれるそのことにも感謝です。

　秋の思い出は、なんといっても9月6日の「それいゆまつり」です。大盛況のうちに幕を閉じたことが昨日のことのようですが、午前中から100人をこえる方が集まってくれました。利用者の話、支援してくださる方の話の合間に、作業所の利用者は作品の販売に余念がありません（自分で作ったものを売るのって意外と快感だったようです）。午後は、写真を見て下さるとお分かりのように上野千鶴子さん、信田さよ子さんの対談を聴こうと、人が押しよせ200名を越える過密な状況。男性も思いのほかたくさん来てくださいました。その対談の雰囲気の一部を載せてありますので、お楽しみください。信田さんの近著『家族収容所』を軸に、その絶妙な掛け合い、そのなかにちらりと見えかくれする鋭い言葉が印象的でした。その後に上野さんが、中西さんとの共著という形で出版された『当事者主権』を送ってくださいました。「ニーズをもった時、人は誰でも当事者になる」――このフレーズの示すものを心にとめて、日々を過ごしているところです。

　そして冬、先日グループホームの大家さんから「みなさんで」と美味しいお菓子が送られてきました。近況が綴られているお手紙を、ぜひ来年はこのホームを見にきていただきたいなあと思いながら読みました。

傾いだ扉や暖かな床暖房、ソファの色は変わっても当時の和やかな空気がそのまま残っていることをお伝えしたいなと思っています。このところ、作業所もホームも新しい見学者や利用者で賑やかな日が続いていま

それいゆでの日々と引きこもり　　　とも

　薬物依存症で入院していた病院から、「それいゆ」を紹介されました。当時、東札幌の作業所を見学したのがそれいゆ経験1発目です。その時は必要ないと断わりましたが、2年後の今から12年半前に、菊水のリカバリーハウスに入所しました。最初は、私の得意技である過剰適応と、根拠のない自信と、謎のやる気でいっぱいの人でした。入所してもやっぱり薬は止まらず、ハウスの手提げ金庫からお金を盗んで薬を使いました。それをきっかけに経験したことのない対人恐怖で、1分1秒どう凌ぐか、どう振る舞うか、そんな期間が2、3カ月続きました。遅刻や連絡なしの欠席もしょっちゅうでしたが、その時のマイルール、朝アイロンで2時間かけて髪をストレートにして作業所に行き、NAにも週7日通ううちに、目からウロコのそれいゆのプログラムや、周りの仲間に助けられ、新しい自分づくりの毎日に。1年半が過ぎて、ステップハウスという独居型のハウスができることになり、わたしもそこへ。ジャンケンで部屋を決めました。そこから足かけ6年の引きこもり生活スタートです。
　スタッフが『チェーン切るよー』とペンチを持ってきたため、引きこもりは、病院→アパートへと場所を移動して続きました。途中、栄養失調で動けなくなり大嶋さんにヘルプの連絡、病院から通所のプチ復活。退院したらまた引きこもり、生活保護を切られて大嶋さんにヘルプ連絡2度目。ステップハウス再入所の予定が、実家で入所前の少し長めのモラトリアムを楽しんでいたら、何も知らない母に連絡が入り、リカバリーハウスに変更されました。一生のお願いを発動しましたが覆ることなく、2度目のリカバリー入所です。その時期に広範性発達障がいと診断され、また新しい自分との付き合いが始まりました。自分の特性がわかったこと、はじめての理解者がいるという泣きたくなる安心感で、前回の入所よりもどんどん土台が安定していく感覚がありました。わたしのパーソナルスペース、把握して収納してある物たちも、ほぼ全壊した火事も乗り切りました。退所して、引きこもらない一人暮らしも2年経ち、明日から半年の職業訓練です。

す。この後は恒例のキャンドルミーティングや年越し会など、一緒においしいものをいただきながら時間を過ごす機会が続きます。いろいろな意味で力を奪われ、時には動くことさえままならなくなる利用者たちですが、こうした機会を（疲れはするけれども）今の自分が楽しめる分、楽しんでくれたらいいと願って準備に追われています。

　今年も直接御礼を言えなかったままで終わった大勢の方達がいます。ここにその全てを記すことは出来ませんが、本当にありがとうございました。そして、来年もどうか「それいゆ」をよろしくお願いします。

　ところで今年も賛助会員の方達に、利用者たちの手作りクリスマスカードをお届けします（ずっと前に今年が出来上がっていたのに、スタッフの不手際でぎりぎりになってしまってごめんなさい）。どうかみなさんにとって、素敵なクリスマスになりますようにお祈りします。

[No.6　新しい公共の創造に向けて] ──────── 2004年4月発行

　今年こそ平和で穏やかな1年であって欲しいと思いながら新年を迎えたばかりですが、血で血を洗うという言葉がぴったりのようなイラク情勢、そして拘束されていた日本人の解放のニュースと、目まぐるしい現実のインパクトに圧倒されるこの頃です。みなさんはそれぞれどんな新年度、新学期を迎えられたのでしょうか。

　さて、2002年9月の立ち上げより準備を進めてきましたNPO（特定非営利法人）の法人申請がこのほど承認され、「リカバリー」として法人格を取得いたしました。「リカバリー」とは「回復、快復」といった意味ですが、さまざまな心的外傷体験から女性達が癒えていく長い道のりを支援する団体ということで名づけました。とりあえず法人としては、従来通り「それいゆ共同作業所」と「リカバリーハウスそれいゆ」の運営を柱とします。そしてこの他に女性の精神障害者が抱えるニーズにきめ細かく対応するための調査研究や、市民の方々にアディクション（依存／嗜癖問題）について知っていただく講座、ジェンダーの問題に

ついて考えるシンポジウムの開催等、女性が生活しやすい社会の創造に向けて貢献する団体として今後も精力的に活動を続けていきます。

　嬉しいことに、平成16年度から「それいゆ共同作業所」にも札幌市より補助金がおりる運びとなり、先日申請書類の提出を終えたところです。これでようやく財政的な見通しが立ち、先述の事業展開もしやすくなりました。賛助会員になっていただいた方々からの年会費や寄付は、今後こうした法人としての事業資金として使われる他、ホームページの開設などにも充てられる予定です。ニュースレターの最後に平成15年度の決算報告を掲載いたしました。みなさんのご協力がいかにおおきなものであったかを、改めて感じます。

　NPO法人「リカバリー」の理事長には「それいゆ共同作業所」、「リカバリーハウスそれいゆ」の運営委員長であった早苗麻子さんが就任しました。運営委員には理事になっていただき、今後も運営に関する相談をしながら事業開催についての協力などをあおぐ等、「リカバリー」の中核的な部分を作っていきます。また、このたび理事会の承認を得て法人に非常勤の事務職員を配置しました。法人の単独事業に関する事務および会計、ニュースレター発行、ホームページ作成や管理といった雑務を担当します。作業所、グループホームで利用者の援助にあたるスタッフは従来通りで、作業所は酒井（常勤）と大嶋（非常勤）が、グループホームは大嶋（常勤）と末神（非常勤）がそれぞれ担当いたします。

　新年度がスタートし、作業所ではいくつかの新しいプログラムも始まっています。これまでどのような生活のしづらさを抱えるが故に社会参加を出来ずにいるのか、実態がつかめず理解されることの少なかった利用者たちのニーズを、彼女達の言葉で表現することの手伝いと、彼女達が戻る地域社会に眠る多くの資源を掘り起こす役目を、これらからもやっていこうと思います。公的な財政支援（補助金）は事業の公共性を示す意味においても重要ですが、上から与えられたお金に縛られて依存する形での運営ではなく、独自の事業展開をするなかで自由裁量をもつ資金作りを果たしながら、パイロット的な活動にも積極的に関与する

ことが「リカバリー」の真骨頂でありたいと思うのです。そして、その鍵は地域に眠っているはずです。新しい公共の創造に向けて、NPO法人「リカバリー」は始動しました。これからもみなさんの声に励まされ、鍛えられて進みますので、是非私達の活動に関心を持ち続けてください。

[号外／それいゆまつり版 "ライファーズ上映会"が残したもの]
2004年10月発行

9月7日の上映会を終えて1ヶ月が経ちました。NPO法人リカバリー

そのままでいられる場所として
映画監督／NPO アウト・オブ・フレーム代表　坂上　香

　気がつけば、それいゆは15歳。うちの子どもも15歳。私が初めて映画を手がけた作品「ライファーズ」も15歳。そして、私自身、それいゆとお付き合いさせて頂いて15年近くが経ちます。

　私とそれいゆの接点は、大嶋栄子さんと映画。私が監督した2つのドキュメンタリー映画を上映して頂いたり、利用者さんやスタッフを教育ビデオ向けに取材させて頂いたりした関係で、緩やかに繋がらせて頂いて来ました。

　何よりも心強いのは、その存在です。心身共にだるくても、苦しくても、何もできなくても、そこに居ていい。しかもあったかい場所で、仲間と呼べる人がいて、見守ってくれたりちょっと背中を押してくれたりするスタッフもいる。皆でアクセサリー作りをしたり、お弁当を作ってみたりもできる。何事も無理なく可能な範囲で。そんな場所が札幌にある。それを知っているだけで、何かあっても大丈夫！と思えて、安心です。

　また、カフェの雰囲気に、お弁当の彩りに、オフィスのレイアウトに……と、何事にも、ちょっとした工夫やセンスが光っていて、配慮に行き届いているので、毎回感動させられます。

　こういう単なる福祉とは違う「それいゆモデル」が、これからの15年間、日本のあちこちにもっともっと広がることを願っています。

が主催する初めての大きな催しだったので、不安も大きかったというのが正直な気持ちです。私たちのような小さなNPOに準備が出来るのか、人は集まるのか等、いつもに増して緊張していました。けれど事前の試写を見終わると、そんな不安や迷いは跡形もなく消えました。むしろ映像の持つ圧倒的な力の前に、必ずこの上映会を成功させようという気持ちがこみ上げました。　私は早速この映画を製作した坂上香さんあてにメールを送りました。それが以下の文章です。

　２つ目は法人のホームページに公開した報告です。そして最後の３本目は、大学で私の講義を履修している学生が書いてくれたものです。彼女の了解を得て掲載いたします。　そこにもあるように、時間の経過と共に感じたことが刻々と変化しても、この映画が問うたものは大きく、その大きさに変わりありません。いつかまた、小さな規模でもこの映画を見る機会を作ろうと思っています。スタッフや利用者共に、イベント疲れから立ち直れていませんが、これからも"ライファーズ"が問いかけたことを考え続けていきたいと思っています。

　　坂上さん
　　　ご無沙汰しています。その後お元気でお過ごしですか？
　　　先日山下さんが「ライファーズ」のDVDを送ってくれて、見ることが出来ました。上映会の前でしたので、マスコミに記事の依頼をするのに助かりました。ありがとうございます。
　　　映像のインパクトは想像していた以上に大きかった。私は現在、暴力の被害体験を有する女性の支援を仕事としていますが、刑務所における"アミティ"の試みに、共感する場面がたくさんありました。私たちが運営する「それいゆ」では、自分に起こった事実から目を逸らさずに、仲間のなかで、自分のなかにあるものを言葉にして表現することを勧めています。けれどその事実がとても過酷で大きすぎるため、なかったことにし、向き合えないこともしばしばです。でもプログラムのなかで、誰かが自分に起こっ

たことを静かに語り始める時、その言葉に背中を押されるようにして他のメンバーも語り始めるのです。そんな瞬間に立ち会える私はすごく幸せだと思うし、その瞬間をしっかりと聞きとめておこうと思います。映像を見ていて、そうした自分の日常を重ねました。

特にレイエスの言葉から、私は多くのメッセージを受け取りました。「はじめから加害者という人などいないのだ」と感じます。もうひとつ印象的なことは、被害者も事実と向き合わない限り、自分の時間を生きることは出来ないという言葉です。被害者の家族が、加害者の置かれている現実に直面する過程で次第に変化していく様子には、胸を打つシーンが多かったです。小さな変化は最終的に、被害者家族が加害者の仮釈放を希望するという、一通の手紙に結実したのかなと思われました。「どのように過酷な状況にあっても、人は変わる可能性をもっている」——私は「それいゆ」につながってくる人たちとの関係のなかでそれを学びましたが、この映画には同じテーマが流れていると感じました。

そして、映画で使われていた音楽、随所に挿入される波のシーンが、私のなかに湧き上がる怒りや哀しみといった、強い感情を鎮めてくれました。そうでないと、この映画が突きつける現実の重さに、自分が押しつぶされそうになったからです。

さて、いよいよ上映会が近づいてきました。今度は札幌で、実際に坂上さんがこの映像を通じて伝えたかったこと、そしてナヤさんがこのプログラムに賭ける「希望」について伺えることを、心から楽しみにしています。

◎法人のホームページ記事より
[「ライファーズ」上映会を終えて] ———————— 2004 年 10 月
　2004 年 9 月 7 日、「札幌エルプラザ」3 階のホールは、300 名を超す人で埋め尽くされました。当初は、決して楽しい映画ではな

い（むしろ考えることを避けたいくらい）、また、自分の身近なことと考えるのが難しいということもあり、チケットが全く売れませんでした。「予測していたとおり、このイベントは大赤字かな」と覚悟を決めました。

　ところが8月中旬頃から変化が起こりました。今回印刷したフライヤーは一万枚。百枚以上配ってくれるところにはこちらから届け、とにかく多くの人に今回の企画を知ってもらうことに全力を注ぎました。新聞、FM局に紹介してもらい、賛助会員が所属する自分のメーリングリストを使い情報を流してくれるなど、応援してくれました。また、刑務所や保護観察所等の矯正関係から大きな反応があって、チケットは次々に売れていきました。

　私は暴力の被害体験をもつ方（特に女性）の支援をしていますが、初めて見たときに「ああ、自分たちが大切にしていることと同じだ」と感じました。そして、ナヤや"アミティ"のスタッフの言葉で特に「サンクチュアリ」、そして「希望を届けることの難しさ」という2つの言葉が印象に残りました。主人公たちがプログラムで自分の過去に対峙し、それを言葉で表現していきます。「それいゆ」のプログラムでも、同じようなことを行っています。暴力の被害者として生き続けるのではなく、その体験による痛手を抱えつつ、自分の幸せを掴みながら生きていくことが、加害者に対する最大の反撃となります。しかしそうした感覚をつかめるようになるには、自分に起こっていたことを率直に見つめる勇気と、それを支えてくれるサンクチュアリ＝安全な空間、そして自分に関心を寄せる他者の存在が必要です。いくら自分の体験を言葉にしても、聴き手がいなければ単なるモノローグ（独り言）になってしまいます。そして、この関心を持ちながら自分の体験に耳を傾けてくれる他者の存在、同じ体験を抱えながら、よりよく生きようとする仲間の姿のなかに、人は「希望」を見出すのでないかと思います。

「それいゆ」を利用する多くは、加害者から物理的な、そして心理的な距離をとっています。たとえ許すことはなくても、加害者もまた変化する主体という事実を、この映画を通じて知ることに意味があるように思いました。しかも、自分たちが取り組んでいるのと同じように、人のなかで、プログラムを通して変化が起こることに希望を見いだしてくれたら嬉しいと思いました。

　札幌の翌日は仙台で上映会が行われましたが、8日は台風18号の影響でJRが止まり、高速道路は封鎖という嵐の中、車で新千歳空港に向かいました。ナヤと坂上さん、「アミティを学ぶ会」事務局長の山下さんの3人を送り届け、仙台に着いたのはなんと開演の2時間前。「無事に到着」と坂上さんより電話をもらい、本当にほっとしました。その後、今回のツアーは全日程を終了し、ナヤは無事帰国の途についたようです。

　そのさなか、大阪池田小学校の事件で死刑判決を受けていた宅間被告の死刑執行のニュースが飛び込んできました。彼は自分の犯した罪と対峙出来たのでしょうか。そして自分がなぜそうした歪んだ形でしか、自分を表現しえなかったのか。さらに、自分の過去と対峙できたのでしょうか。そのプロセスの開示なしに子供を殺されてしまった親御さんたちはどうやってこの体験を乗り越えていったらいいのだろう。「ライファーズ」が投げかけていることを、日本というこの国が、私たちが、考えるように迫られているように思えてなりません。

　さて、今回の企画を通じて一緒に準備にあたってくださった方たちがいました。「かりん舎」の坪井さんと高橋さん、会社のみなさん、通訳の屋代さんです。本当にご苦労様でした。そして冒頭にも書きましたが、自分の周囲に宣伝してくださった大勢の人たち、本当にありがとう。最後に、面倒な手続きをクリアし会場に来て下さった全てのみなさん、本当にありがとうございました。またお目にかかりましょう。

それいゆという場所

まるこ

　私が初めて大嶋さんと会ったのは、もう20年位前になるのでしょうか。酒を飲んでは警察に保護されたり、救急車で運ばれたりと問題ばかりを引き起こす娘に困り果てた母が、やっとの思いで探してきたのが始まりでした。

　なかなか自分はお酒を止められず、初めて会った時から数年して、当時菊水にあったグループホームに入所することになりましたが、お酒の離脱による震えが上腕からきていてろくに字も書けなかったことを、昨日のことのように覚えています。ホームに入所しても、お酒は止められずに、酔っぱらってスタッフに暴言を吐くわ、階段から落ちても、何も覚えていないわと、なかなか困った利用者だったと思います。酔っぱらって大嶋さんに「あんたになんかついていけないわ！」言った時の大嶋さんの顔、警察に保護されてパトカーで戻ってきたときに待っていた酒井さんと末神さんの心配そうな表情。今でもはっきりと覚えています。

　あれから15年。酒井さんはご結婚されて橋本さんになり、末神さんは突然の事故で天国へ旅立ってしまいましたが、私はこの人達のお陰で生き延びてこられたのだと思います。何も信用することが出来ず、誰にも心を開くことが出来なかった自分。この人なら自分の事を分かってくれるかもと思ったのが大嶋さんでした。だからホームに入所するまでの数年間、大嶋さんの携帯番号を消さないで残しておいたんだと思います。酔っぱらって財布や鞄を落とした事は数知れずあったのに、一人の人の番号を消さずに残しておいたのは、ある意味奇跡です。

　当時のグループホームが火事でなくなり、ソレイユの場所もスタッフも随分変わりましたが、ソレイユは困った人たちの居場所であり、生きる力を引き出してくれる所であることは、これから先もずっと変わらないのだと思います。

＊精神科病院とカウンセリングルームでとりこぼしてきたもの

　第1章では、「それいゆ」を立ち上げたばかり、草創期に発行したニュースレターから5本の巻頭言を選びました。また最後の記事は、法人が初めて外部に向けて企画したイベントの報告をホームページでおこなったものです。

　いつも「それいゆ」を立ち上げたきっかけを聞かれた時には、ソー

シャルワークをバックグラウンドに、困難を抱える人の「暮らし」を現実的に支えることがしたかったと話します。2017 年から、障害福祉雑誌『コトノネ』で"café それいゆの窓から"と題する連載を始めました。その第 1 回目には、精神科病院で働いた体験、同業者とカウンセリングルームを運営した体験から次のように述べています。

> 病院は診断と治療を行う場で、カウンセリングルームはクライエントが困っていることを聴き、整理する場だった。どちらの場でも見聞きしたのは、女性の抱える精神的不調や困難の背景に、たくさんの暴力があることだ。それは私たちの日常に当たり前のように存在し、誰もが特別なこととして認知しないような、社会の仕組みや意識と深く連動していた。親密な関係の人から繰り返される暴力は、個々人が持っているはずの、「このような自分であって(いて)よい」という自尊感情と呼ばれるものを崩壊させる。しばしばそれは、しつけ、愛情などという言葉で語られるために、被害の渦中にあっても気づきにくく、加害者を拒絶することが難しい。
>
> 精神科病院で、そしてカウンセリングルームで、自分は出来ることを精いっぱいやってきたと思う。けれど明らかに必要と分かりながら及ばなかったことが"暮らす"ことの支援だ。病院を退院しても十分働けないだけでなく、行き場のない女性。カウンセリングが終われば、暴力のある場所へ戻らざるをえない女性など、医療やカウンセリングだけで完結しない、その後の生きること全体を、じっくり伴走型で支える仕組みが必要だと強く思った。

実は「それいゆ」の誕生には、精神科病院退職後に体験した、アルコール依存症の社会復帰施設での 3 年が大きく影響しています。創刊号で触れているように、当時はまだ当事者主体の社会復帰施設が、公的助成金を受けるのは難しい状況でした。また"ミーティング"と呼ばれる、「言いっ放し聞きっぱなし」の自己の振り返りだけでなく、言葉に

し難い感情を陶芸やパッチワークなど、作品を通じて表現するというプログラムを行いました。今では当たり前となっているアートの手法を使った時間は、現在の「それいゆ」がおこなう、ものづくりや自己表現へと繋がっています。昼間に通所する女性がくつろぎ、暮らすには、どのような空間が必要かを手探りで学べた体験は大きかったと思います。創刊号でのやや大げさにも思える暮らしのしつらえに関する

晴れる日は少なくても

ソーシャルワーカー　藤田　さかえ

15年前、札幌に行く日は必ず雨模様でした。

まだ「それいゆ」がはじまったばかりの頃、私は修士論文のための調査に通っていた日々のことです。

その当時、全国には依存症の女性だけを対象とした社会復帰はわずかしかなく、女性を受け入れていても、援助の方向性やプログラムは男性向けに作られた既存のものに女性が入るというのがほとんど。「女性には女性の場所が必要」といったことはむしろ抵抗をもって迎え入れられました。「依存症は誰でもかかる可能性があるのだから、回復は男性も女性も同じ」と入り口が同じなら出口も同じ、といった理解。それだけ女性の依存症者や回復者の数が少なく、依存症者の中でも「未知の存在」だったのです。

わたしは自分の勤務している職場に研修に来る医療者や援助職の方々からは「女性の依存症者はとても難しいそうですね」「数が増えているのでしょうか？」などと、最初から「回復困難者」扱いの質問を受けたものです。ほとんどの場合、直接援助して大変だった経験があったわけではなく、何となく、あるいは女性依存症者のイメージがすでに植え付けられていた事から来る質問で、今振り返ると多くの場合、丁寧な確認もなく、自分自身の中にある、ある種の価値観や規範の中で生み出されていたものです。

私がそういった質問にどう答えていたかというと「はあ……そうですかね。女性の方が大変というよりも男性と違うので治療や援助も違うだけのことではないですかね」「数が増えているかというと、ここで10年以上いますが未だに男性に比べると入院患者は少ないですよ。なにしろ病棟が一つ出来るほどの患者数はいませんしね。そのために彼女たちは男性と同じプログラムを受けなければならないの

思いは、こうした状況から生まれているのです。

＊援助の場面とジェンダーの不平等

「それいゆ」を始めるうえで、もうひとつ重要なコンセプトがジェンダーの視点を大切にする援助です。女性が抱える困難は、その多くが社会構造に深く埋め込まれたジェンダー不平等に由来するのですが、現

ですから大変です」と説明したものです。そう……少数派であることが医療や回復の援助の中でどれだけ不利な状況に置かれるのか、ということに私自身が少し気がつき始めていたのです。

「それいゆ」に来ると、そこにはさまざまな背景を持つ女性の方がいました。年齢もさまざま。中高年からまだ若い世代の女性も、一つの場所で回復のための日々を送っています。

スタッフは女性のみで、まだ大嶋さんと橋本さんの2人でした。毎日、雨の中を訪問すると、そこには女性のために安全で安心な場所が生まれ育つ予感がありました。調査はインタビュー形式でお願いし、プログラムに参加していた方々に協力してもらいました。なかなか自分自身を語ることに困難を抱えていたにもかかわらず、皆さんが話してくれたことは貴重な経験となり、同時にこの場で会えたことにホッとしたものです。外は雨でも「それいゆ」には暖かい、落ち着いた空気がありました。

あれから15年たちました。女性のための回復施設は全国的には増えて行き、「女性には女性のための場と回復プログラムを」ということは次第に共通の認識になっていったと思います。「それいゆ」もスタッフが増え、就労支援や生活面での支援など展開する事業も増えました。あきらめずに取り組んでゆけば何かは変わるものです。しかし、女性を取り巻く状況は残念ながら真っ直ぐな進歩とは行かなかったようです。施設に来る女性達が語り始めることから、あるいは調査や研究の成果の中から、女性達が成長と生活の中で深刻な経験を受けてきたことがよりいっそう明らかになり、女性特有とは共通性と個別性を丁寧にかみ合わせた回復援助が求められることが課題となりました。それは本当に長い経過をともに歩く援助なのです。晴れる日は多くはないでしょう。しかし雨でも「それいゆ」には暖かい力があることは、今も昔も変わりありあません。

実には自己責任で片付けられてしまいます。たとえば、2017年にハリウッド映画界における大物プロデューサーによる性被害に対して、女優たちが「ME TOO」（私も同じ！）と声を挙げるムーヴメントが世界中で起こりました。しかし日本では大きな社会運動に至っていません。このような状況ひとつ見ても、日本では決して女性が安心して自分らしく生きられる社会ではないと言えます。それは私が「それいゆ」を立ち上げる時にも同じでした。ですから、実際の被害体験だけでなく、その後の周囲から受ける反応でさらに傷つく女性を少しでも減らしたいと考えたのです。さきほど紹介した『コトノネ』の連載では次のように当時の思いを綴っています。

　　場を立ち上げるもうひとつのきっかけは、病院を辞めた後に依存症者の社会福祉施設で、縁あって3年ほど働いた時の経験だ。その施設は、当事者による相互援助を理念として運営されており、施設長以下スタッフは全員が依存症当事者（男性）である。新たに女性のための施設を立ち上げたいと、私に声がかかった。先述した思いがあったので、行政への申請や、各種の手続き、提供するプログラムの考案などに奔走し、開設して2年が経過すると関係機関にも認知され、運営も安定してきた。
　　けれども、ここで私は思わぬ苦い体験をすることになった。それは、支援のあり方をめぐる当事者スタッフとの衝突である。依存症とは、アルコールや薬物、食べ物、ギャンブル、そして他者との関係などにのめり込み、それらのコントロール喪失に陥った結果、社会生活が破綻する精神疾患である。女性の場合には依存対象をいくつも持つこと、アルコールの場合にはホルモンや水分量などとの関係で、男性と比較し短い期間で依存症を発症することが知られている。ジェンダーの視点を重視し、社会的な問題として依存症を捉え支援するという私のやり方は、それまでの男性中心主義のプログラムと真っ向から対立した。当時の私には、自分の主張の正しさを受

け容れない彼らに問題があるという憤りしかなかった。そのため、新しい考えに触れて起こる彼らの戸惑い、同時に専門職という肩書きが持つ権威性への怖れに気がつけずにいた。結果としてスタッフ全員がアルコールを再使用して施設を去り、私も退職することになった。当事者と専門職はともに働くことが出来るのか。現在に至るまで考え続けている大切なテーマが、この時に与えられた。

　お金も場所もなく、その頃付きあっていた女性たちとともに、とりあえず新しい場を始めようと決めた。「それいゆ」と名付けたその場所は、一人ひとりのなかにある快復の種が、芽吹き育つ際に必要な太陽（フランス語でそれいゆ）のようでありたいという願いから生まれた。

　私は大学でソーシャルワークを学び、精神科病院で援助者としてのキャリアをスタートさせました。本来ならソーシャルワーカーは、社会におけるさまざまな不平等や人権侵害から対象者を擁護し社会を変革するのが仕事ですが、実際のところは目の前の対象者が訴えるニーズを充足させるだけで精いっぱいです。それではいけないと感じながら、目の前の現実に流されていく日々に忸怩たる思いをもつ同業者は多いはずです。しかし残念ながら、日本では多くのソーシャルワーカーがジェンダーに関して、あまり敏感でないことも事実です。児童虐待の事例では子供の保護に援助者のエネルギーが集中しますが、同じくらい虐待する側に立たされる親もまた多くの困難を抱え、その背景に多くのジェンダー不平等があることに関心が高いとはいえないのです。私は仲間たちとカウンセリングルームを運営するなかで、多くのDV裁判を体験してきましたから、「それいゆ」ではジェンダーの視点を暮らしの援助場面で具体的に生かしたいと強く思っていたのです。

＊たくさんの人たちに背中を押されながら

　「それいゆ」は設立準備委員会（任意団体）が設置、運営する形でス

タートしましたが、その後、法人格の取得に動き出します。運営にあたっては公的補助金事業である、精神障害者の小規模作業所、共同住居（当時）という枠組みを使うことにしました。利用者の抱える生き難さはどれも重篤でしたが、それを精神障害と名付けられることへの抵抗もありました。しかし、事業の継続性を考えての判断でした。また支援の対象を「さまざまな被害体験を背景に、疾患や障がいを有する女性」とすることで、これまで制度の狭間にこぼれ落ちてしまう人も利用出来るようにしました。こうした考えは、設立準備委員会に参集してくれた仲間たちとの話し合いによって次第に明確となり、それが形になっていったのです。

　法人格の取得や実際の施設運営にあたっては、ダルク女性ハウス（東京）から多くを学びました。私はNPOについて何の知識もありませんでしたが、書類作りを一から教えてもらいました。また理事会に何度も出席させていただき、運営の理念、障壁となる事態の解決だけでなく、事務方（総務・会計・労務）の重要性について知ることになります。施設運営が直接援助にあたる人だけで出来ないことは分かっていましたが、実際に始めてみるとまさに実感しました。初めは運営費がないため、事務作業は全てスタッフが担っていました。しかし後に、さまざまな専門家へ業務をアウトソーシングしていきます。専門家との出会いは、全て私達の活動を応援してくれる人からの紹介です。お金はありませんが、本当に多くの縁に恵まれていました。

　スタッフがたった3人しかいなかった2004年、大きなイベントを企画しました。坂上香さん初の映画である「ライファーズ」の上映会です。毎日、目の前の出来事に翻弄されていたはずですが、どこにそんなエネルギーがあったのだろうと思います。ただ、必要だと思うなら自分たちで企画し実行するし、時にはリスクも引き受けるという前例となりました。それを可能にしたのはやはり人とのつながりです。こうして振り返ると、分野を超えて多くの人たちに背中を押される形で「それいゆ」が活動をスタートさせ、広げてきたことを感じます。

最後の砦としてのそれいゆ

札幌保護観察所　統括社会復帰調整官　**澤下　靖典**

　ある研修会に参加していた私のところに、その日の講師を務めていた大嶋さんが駆け寄って来た。「Ｒちゃん、いまグループホームにいるのよ」にわかにはＲが誰のことだったか、私には思いつかなかった。

　Ｒとの出会いは、5年前。保護観察に付されていた彼女は、ガスの吸引が止まらなかった。シラフで生きるだけの術を持ち得ていなかったからだ。裸足で実家を飛び出した彼女は、茨の道を血塗れになって駆け出しているようだったし、その痛みのおかげで、現実の苦痛を紛らせているようにも思えた。見るに耐えかねた私は、咄嗟に、妻のサンダルを自宅から持ち出し、彼女の傷だらけの素足に履かせた。

　このままじゃだめだ。精神科病院で一生涯を終えるのか。もう「それいゆ」しか考えられなかった。私は焦る気持ちを抑え、大嶋さんに電話をした。グループホームの見学をさせてもらったが、彼女はそっぽを向いたまま大嶋さんの言葉を無視し続けた。あれから5年が経っていたのだ。そしてまさかあの彼女が、「それいゆ」に繋がっていようとは。「澤下さんの思いは、ちゃんと伝わっていたよ」大嶋さんは、いつものように笑っていた。

　人が保護観察所に辿り着くということは、それ相応の事情がある。

　その対象者の処遇を、どの支援機関と連携し、どう引き継げば良いのか。あるいは、どの支援機関が支援を引き受けてくれるのか。私たち社会復帰調整官は、対象者を前にして、いつも頭を悩ませる。私たちの前に現れるまでの道のりが複雑であればあるほど、支援は容易でない。支援を有効にするためには、対象者が、どのような過程を辿って犯罪に至ったのか、その過程の中で彼女らは、どう生き抜いてきたのか、その身に付いた術は、社会生活を営む上で有効か、あるいは障害となるのか、精神障害との関連はどうかを私たちは理解する必要がある。

　これまで、幾人もの処遇を「それいゆ」に相談し、連携の中で、支援を提供していただいた。現在も2人がお世話になっている。私たちが「それいゆ」に相談する理由は、積み重ねられた経験が、対象者の生き抜いた道程を的確に見きわめ、そして、鍛えられたスタッフが対象者を包み込むようにやさしく、時に厳しく見つめ、寄り添ってくれるからだとあらためて思い返される。私たち司法行政機関の関与は有期限で、長くて5年、通常3年だ。無期限の支援を依頼するには、こちら側にもそれ相当の努力と覚悟が必要だ。これまでの長年の連携に感謝申し上げ、これからも、変わらずに協力いただけるよう、心からお願い申し上げたい。

論考

特集：生活の安全保障と社会福祉
《実践》
暴力被害者の安全とつながりの感覚，その再生を目指して
―精神障害者地域生活援助事業（グループホーム）の実践―

大 嶋 栄 子
リカバリーハウスそれいゆ代表

はじめに

　厚生労働省は，病状的には安定しながらも生活の場を持てないために言わば「社会的入院」を余儀なくされている精神障害者のうち，7万2千人を地域に戻そうというかけ声のもとに社会復帰施設の整備を急ピッチで進めている。精神障害者地域生活援助事業（以下，グループホームという）は，いわゆる施設ではないが，共同生活を送れる精神障害者が5〜6人単位で「世話人」による食事の提供，金銭管理等の支援を受けながら，地域で暮らせる場所としてその数を増やしつつある。筆者は，グループホームは定員がおおむね5〜6人ということで，既存の建物を多少改築する程度で「街のなかに」暮らすことが可能となることや，利用者が再び社会参加を考えるときにコミュニティに根ざした形を想像しやすい，といった利点があるように思う。

　ところでここで言う精神障害者とは，長期入院を経た結果，地域にそのつながりを失ってしまった統合失調症の人たちが想定されていると言ってよい。もちろん病状の不安定さという名目で多くは家族や近隣の「防衛的態度」への反応として社会から隔離されてきた彼らが，再び地域社会の一員としての権利を保障されることはしごく当然のことと言える。しかしながら，精神障害者を対象とした社会福祉のあり方が「病院から地域へ」，「包括的精神保健ケアシステムの創設へ」という流れにあるなかで見落とされているのが暴力被害を背景にもつ人たち（その多くが女性）への援助である。

　伊藤が指摘するように，精神病院がその成立過程において地域から排除された精神障害者を保護するために生まれ，やがてその成熟過程にお

いて精神障害者を地域から排除する機能を果たすという歴史的必然[1]を考えれば，明らかに「常軌を逸した」，あるいは「了解不可能な」人たちとして精神障害者がひとくくりにされてきた背景は理解できる。しかしながらそのような歴史的宿命を背負うがゆえに，精神保健の問題はともすると統合失調症を基軸に考えられ，それ以外の問題の所在すら明らかにされてこなかった感は否めない。筆者はその個人がどのような精神疾患をもち，ゆえにどのような生活者としての困難を抱えるかといういわゆるオーソドックスな疾病概念やそれに基づく障害理論に依るのとは別に，「暴力」や「被害」，そして「ジェンダー（社会的性役割）」[2]といった視座の交差する場で立ち現れる精神疾患や，そこから派生する福祉的課題に関心を寄せてきた。こうした視座をもつことによって，これまでの疾病ごと障害ごとの対応ではなく，対象者の状況が包括的に理解可能となった。しかも課題の一つ一つは密接に関連しており，世代を超えて問題が重複化したり引き継がれてしまう実態も見えてきたのである。

　小論では，さまざまな被害体験を背景にもつ女性の精神障害者がどのような困難を抱えるかを，「それいゆ」立ち上げの経過をたどるなかで述べる。そしてグループホームという場がその困難をくぐり抜けるにあたってどのような役割を果たすのかを，筆者は「身体」と「親密性」という2つのキーワードを軸に整理してみたい。

I 「それいゆ」の立ち上げ

　筆者は12年間精神科医療という1つのフレームのなかで仕事をしたが，そのなかでいくつかの疑問が大きく膨らんでいく感じがあった。最も引っかかったのは，患者の性別によって病気の体験の意味づけや療養の形に違いがあり，こうしたいわゆるジェンダーの視点を治療スタッフ間で共有することの難しさだった。小さな子どもを抱える女性が休息を必要とした時にまず問題になるのは，子どもの世話をだれがするのかであり，大学を病気のために中退した男性が学歴に固執する一方で現実に迫った求職活動に向き合うことをどう支援するかなど，こうした事例の背景には無視することのできないジェンダーの問題があるのに，それらについて話し合われることは皆無であった。むしろ女性が安心して療養

できる環境を整えようと主張すれば，彼女の母親や姑，近くに住む姉妹等に手助けを求めようということになり，あくまで「子どもの世話は女の役割」を強調する結果につながる。大学卒業にこだわる先の男性を例にとれば，「主な稼ぎ手としての男性役割」から降りていく生き方について模索することが病状の安定に何らかの影響を与えると予測できても，実はそうした性役割からの逸脱を拒んでいるのは男性の家族であったりする。けれども，そうした男性役割からの解放をテーマとした援助者側からの働きかけについては，議論はおろか話題にすらならないことが常であった。

　結局のところ医療のフレームでは，病気はあくまでそれ単体として取り上げられるもので，患者の個人因子（例えば発病前の性格傾向や家族構成など）が病像理解に加味されることはあっても，そこから踏み込んで環境因子としての社会の価値や民族，性差といった観点からその個人を理解したり，支援の方法を探ることは困難と言わざるをえなかった。そこに筆者はソーシャルワーカーという「環境の中の人」として対象者をとらえ支援する専門職でありながら，そうしたパースペクティヴが共有されないなかでの援助に限界を感じるようにもなっていった。

　さらに筆者は，療養環境の格差だけでなく疾病そのものの発症プロセスにおいてもジェンダーの問題が大きな影響を与えていることを知った。それを代表するのが嗜癖（アディクション）問題である。嗜癖とは初めはプラスの効果を得られていた行動が習慣化し，時間の経過とともにマイナス作用が生じるようになってもその制御が困難になるという「コントロール喪失」と，それによる生活破綻の病理を指す[3]。嗜癖は①アルコールや覚せい剤といった化学物質を取り込むことによって起こる物質嗜癖，②買い物やギャンブルのように行動の初めから終わりの過程にのめり込むプロセス嗜癖，③他者への過剰な関心の集中や世話焼き行動に自らの価値を見いだそうとする人間関係嗜癖，に大きく分類される[4]。筆者は精神科医療のなかでもアルコール・薬物専門病棟において仕事をするなか，たくさんの嗜癖者にインテーク面接を行い，その後も治療プログラムのなかで彼らの語りに耳を傾けてきた。そこで清水や斉藤が指摘するような飲酒行動や飲酒規範におけるジェンダー差[5]や，

先述した嗜癖の分類にはジェンダーによって発生頻度に特徴があることや，特に女性嗜癖者の発症過程とライフサイクルには深い結び付きがある[6]ことを感じるようになった。例えばアルコール依存症を例にとれば，男性は一定期間の習慣飲酒を経て依存症を発症することが多いが，女性は自らが置かれた状況に反応する形（夫婦間の葛藤，うまくいかない子育てなど）で短期間の飲酒によって依存症になっていくことがわかってきた。

　しかしながら，当時は中年の男性を想定した治療モデルを女性にも援用するのが一般的であり，そのなかで女性嗜癖者は病気になった罪悪感や恥辱感を強化するだけだった。表面的に適応し症状は消失したかに見えて，抱えている生き難さは手つかずのまま，しばらくすると再発し再び治療場面に登場することも珍しくはない。また女性の場合には発症によって起こる配偶者との離別による貧困，子どもの養育の問題，老親の介護などさまざまな福祉的課題を抱えているために嗜癖行動が止まった後の生活がむしろ本題とも言え，医療だけではとうてい完結しない。そのため筆者はこうした医療や福祉，そして女性が自分をかけがえのない存在だと感じられるようなスピリチュアルな側面にまで配慮できる，包括的支援の必要を感じるようになった。

　吉田は，日本におけるソーシャルワーク実践が女性ゆえのニーズに応答できていない問題の背景に，構造化されたジェンダーに対する「繊細さ」の獲得の促進に消極的なソーシャルワーク教育の現状，ジェンダーから派生するサポート・ニーズを周辺化し続ける社会保障・社会福祉制度の構造的問題，そしてソーシャルワークにおける価値と倫理をめぐる議論にジェンダーという視座を反映させるための具体的努力を，実践者も研究家もほとんど担ってこなかったという3点を挙げている[7]。

　筆者は，医療モデルのなかの専門職として自らが果たせる役割の限界を感じ始めたころから，吉田の指摘する3点目のジェンダーの視座を大事にした実践を模索してきた。2002年9月，その長い模索の結果として先の女性を包括的に支援する具体的方法として，昼間の居場所である共同作業所とグループホームを立ち上げた。「それいゆ」はフランス語で「太陽」を意味する。さまざまな暴力の被害体験を背景にもつ女性た

ち，その一人ひとりの心の中にある生きる力が，たくさんの日射しを浴びて育まれる場づくりを目指そう，そんな思いを込めて名付けた。抱える精神障害としては嗜癖問題（ほとんど全員が2つ以上の嗜癖対象を抱えている），うつ，神経症など多岐にわたる。年代的には20〜30代が中心であり，グループホーム（定員5名）の平均利用期間は1年である。

II 「身体」と「親密性」をめぐる変化の場

ところで，グループホームの入居者にはすべて個室が与えられる。もともと個人の家を借用しているので，家主の家族が使っていたときの書斎や寝室といった名残りがある。そのほかにリビングとキッチン，リビングの横にはスタッフが当直する和室が続き，1階と2階にはそれぞれ洗面所とトイレがある。基本的に入居者の個室はだれにも侵されない場所であり，本人が望む以外はリビングや当直の部屋で話をする。だれか他の入居者と話をしたければリビングに相手を誘うように伝えてあり，その部屋はどのような状態であっても本人にとって「自閉することが許される」場所であるよう保証されている。入居者には他者と言葉を交わさなくても人の気配を感じるだけで自分が保てる時と，逆に自分の内側に逃げ込むことでしか自分を守れない時があるようで，グループホームではその両方が可能なように配慮している。

筆者は暴力の被害に長い時間さらされてきた女性たちの支援のなかから，彼女たちが被害から解放された直後よりもむしろ時間がたったころに強い不安や疲弊感，自分の身体への嫌悪感で苦しむ様子を見てきた。また被害体験という事実から気持ちのうえで逃避する，あるいはその体験に付随する感覚を麻痺させるためにアルコールや覚せい剤といった薬物に嗜癖する女性の場合，薬物の使用をやめると事実を「しらふで」見ることになるため，むしろ使っていた時よりも精神的にはつらい状況に追い込まれる。そのためか，この時期を乗り切るための手段として，ギャンブルやショッピング，暴力を伴うような異性との関係，あるいはリストカットという嗜癖対象のすり替えが起こってくる。しかしこうしたすり替えとしての嗜癖も，いずれは何をすり替えているのかという事実への直面の時期へとたどり着くことが多い（もちろんその手前で嗜癖問題

によって命を落とす女性も多いのだが)。ここまできて彼女たちはようやく長い疲弊期に入るように見受けられる。

　グループホームはこの長い疲弊期を過ごす場所であり，そのときに平川が言うように，重要なのは女性たちの自閉する力を保障するための自由であり，経済的保障である。また平川は，この自閉という境界領域と時間感覚に耐えられない女性たちは，もう1つ別の人生を歩み始めることが難しいと指摘する[8]。先述した入居者の個室はその意味で平川の言う人生の新しい意味を孵化させるための場[9]であり，他者の生活を通じて発せられる音やリビングから時折漏れてくる笑い声や人の気配などが，入居者の自閉を支えるある種のつながりのように筆者は感じている。ともすれば自閉は関係の拒絶や孤立といったネガティヴなイメージでとらえられがちだが，被害体験を有する人が再び生きることに積極的な意味を見いだす過程だとした時に初めて，自閉がその人のもつ力（strength）として認識できるのではなかろうか。

　孵化には安全とつながりの感覚が必要だが，グループホームという生活そのものを援助の場とすることから見えたこととして，筆者は「食べる」ことを通じての「傷んだ身体へのケア」を孵化するための要件として挙げておきたい。被害体験のなかで生きてきた人の多くは緊張が日常化しており，ゆっくりと味わいながら食べるという習慣を喪失する。もしくは食材が人の手をかけられ，食事として供されることや，それらを他者とのたわいのないおしゃべりのなかで味わうという体験をもてずにきた人が多い。生きるための所作である食事が「詰め込み，飲み込む」ものであったり，「何も考えなくて済む時間」であるというなかから自分が生きることへの肯定的意味を見つけ出すことは難しい。

　入居者のほとんどが何かしらの炊事に関する経験はもっているが，入居当初は食べることへの関心が乏しい。彼女たちは自らの経験から，セックスとしての身体は被害の標的であると同時に評価の対象でもあるといったアンビバレントな状況のなかにおり[10]，痩せることで自分の身体を客体化しコントロールすることへのこだわりを見せる。そのため本来であれば過度な緊張や不安にさらされてきた身体をゆっくりと休めるための食事であり，それが自分をいたわることにつながるのだという

ことがピンとこないこともある。

　グループホームではなるべく季節の食材を使い，出来立てのものを供するように工夫している。料理は入居者が手伝うこともあるが，基本的には世話人が担当する。世話人が食事の支度をする傍らで入居者がその日の出来事を報告したり，野菜の皮をむく光景はどこの家庭にもあったはずのありふれたものである。しかし彼女たちが失ってしまったのは，そうしたつながりの感覚であって，そのような「食べる」ことにつながる一連の所作に繰り返し触れていくうちに，少しずつだが，味わうことや，食事は餌でなく人が生きることそのものの営みであることに気づくようになっていく。

　このように，「食べる」ことが落ち着きをみせることで初めて入居者は，自分に起こった被害体験を自分の身体を傷つける方法を使って「なかったこと」にしたり「乗り越えようとしていた」ことに気づいていく。被害を受けながら，被害を受けてしまった自分を恥じたり（自分がこんな目に遭ったことはだれにも話せないし信じてもらえない），被害を受けたことに罪悪感を感じたり（自分が悪いからこういう目にあうのだ）する女性は，被害の相手（加害者）に怒りを向けられず，恥の感覚や罪悪感を自分に向けてしまう。それが自分の身体への無関心，あるいはその両極にある身体の過剰なコントロールという形で表現されるわけだが，筆者は，そのどちらにしても「食べる」ことの立て直しを通じて新しく生きる意味を見いだしていくように思う。

　次に「親密性」をめぐる入居者の変化と，そこでグループホームが担う役割について述べていく。ここでは「親密性」を従来の家族——愛と性を根幹に生殖を前提として成り立つ共同体——の成員間に生じるものと限定せず，むしろ斉藤の整理を借りて「具体的な他者の生／生命——特にその不安や困難——に対する関心／配慮を媒体とする，ある程度持続的な関係性を指すもの」[11]として考える。筆者らの運営するグループホームを利用する人は入所の経過も個人が抱える事情もさまざまだが，何らかの被害体験（そのほとんどが身近な人からの暴力）をもち，そのことを背景とした多様な精神症状に苦しんでいる。グループホームには利用期間の制限がないため，本来であれば入居者が望むかぎり利用可能だが，

筆者は多くの被害体験をもつ女性に利用してもらいたいことや，入居者が再び地域の中で暮らすことを体験してほしいこともあって，利用期間を入居者と相談のうえでおおまかに決めている。
　ところで筆者は，これまで精神科医療のなかで多くのグループワークを体験してきたが，そこでの「親密性」とは「今，ここに」集い，共通の課題に関してお互いの体験やそれに付随する感情を共有しあうなかで醸成されるものだった。したがってそれはある曜日，ある時間に限定された人工的な空間であり，メンバーそれぞれの生活とは切り離されたところで成立するものである。それに対してグループホームの中ではそこが入居者にとっての生活の場であり，同時にグループワークの場でもあるという二重の構造になっている。自分の被害体験について入居者同士が分かち合うことは自由にしているが，入居者各自が毎日の生活のなかで何に困っているかは表現しないと共同生活がぎくしゃくしてくる。なぜならグループホームの生活では，一人ひとりが生活の雑事（リビングの掃除，ゴミ捨て等）を役割として与えられる。例えば自分がベッドから起き上がれないくらいのうつ状態に襲われており役割を果たせそうもないときには，他の入居者に頼むか世話人に相談するかしないと他の入居者の生活に影響が出てくる。あるいは入居者の一人が過食衝動にかられて共有の食材を全部食べてしまったもののそれが言い出せずに，事情を知らない他の入居者がお互いに犯人探しを始めて気まずい雰囲気が流れるということは日常茶飯事である。
　また，グループホームの中では世話人が入居者それぞれの様子をそれとなく見ており，個別の相談にも応じている。筆者の運営するグループホームは世話人2人が日曜日を除く毎日当直に入っているため，入居者は食事や風呂の後先に必要であれば時間を割いてくれるよう世話人に伝えることにしている。まずは世話人に自分の話を聞いてもらったり，側にいてもらいおしゃべりしたいなどの欲求を自らが認知し表現することから練習が必要である。そしてもっと彼女たちにとって難しいのは—グループホームの中では調子を崩している入居者のニーズが最優先されるという暗黙の了解があるのだが—自分よりも他者のニーズを優先させてしまうことから派生する。自分のなかで了解しきれない思いを他の入居

者にぶつけたり，ぶつけられたほうはそのことで混乱する，といったグループ全体に波及する事態も多い。しかもそこは時間がくればグループが解散するのではなく，何か月，あるいは何年かを共に過ごさなくてはいけない生活の場なので，軋轢は持ち越されグループのメンバー相互に大きな影響を与え合う。

　また，ある入居者の行動が他の入居者にとって例えば自分を抑圧したり精神的に苦しめてきた加害者側と重なったり，自分自身の内側にある「同じ課題」が反映されることに反応するということも日常的である。彼女たちはそれを「（自分の）病気が出る」と表現する。こうした入居者間に起こる軋轢や反応はグループ全体にとって危機であると同時に，個々の入居者を，そしてその時のグループ全体を大きく変容させる力をもっている。被害の体験は入居者の「親密性」の感覚を狂わせたり，あるいは根こそぎその感覚を奪うものであったり，またそうした感覚の萌芽さえ許さないといった強烈なものであることが多い。そのため入居者は自分が生き延びるためにさまざまな方法を模索し身につける。自分の内側に引きこもったり，起こっている感情を無視したり，他者に対する防衛がことのほか強いなどさまざまである。しかし自分の欲求をないことにしたり侵入を恐れて自分の弱さを見せないなど，これまで自分が生き延びるために身につけてきた方法はグループホームではうまく機能しないことが多い。そこにきてようやく入居者は他者と関係を構築するための，新しい方法の模索を始めていく。入居者は長い時間をかけ一人ひとりの違いを認め，また受け入れながら，自分もまただれからも侵害されない存在であり，自分の欲求に沿って生きていいという確信へと進んでいく。

　そうした気の遠くなるようなプロセスにおいて不可欠なのは，先の「具体的な他者の生／生命に関する関心と配慮」にほかならない。たとえどのような過酷な状況をくぐり抜けてきた人であっても，こうした親密性の漂う空間＝親密圏の中で再び安全とつながりの感覚を取り戻し，育て直すことが可能であることを筆者は見てきた。その意味で斉藤の洞察にはうなずかされる。少し長くなるが引用する[12]。

親密圏がいわば「現れがたいものの現れ」を可能にするのは，それが，現れる者たちに安全性の感覚を与える場合である。そうした「相対的な安全性」は，自らがかかえる問題や苦難を個人的な不幸や不運として私化する解釈に抗して，それらを共通のもの―ほかの人にも共通するもの―としてとらえ返すことを可能にする。親密圏への現れを通じて，それまで個人的な不幸や不運として甘受してきた事柄を不正義としてとらえ返す途が開かれることもある。とりわけ，社会的な圏域から場所を剥奪され，自らを「敗者」として描くことを余儀なくされる―劣位性としての差異性を割り振られる―人びとにとっては，自らの存在が否定されない関係性をもちうること，自分がそこに居ることが受容されるという経験をもちうることは文字どおり決定的な意味をもっている。

入所者の間に流れる確執も共感も，相手に対する関心と配慮の漂う空間が言わば土壌として十分に耕され肥沃なものでなければ生まれてこない。入居者を支援する者もまた，その空間に存在する一人として彼らの間にあり，自らの内に抱える弱さをそのままに「そこに居ること」が求められるのである。そして入居者間であれ，支援者との間であれ，ケアにあたる人がケアを必要としている人に逆に時により深くケアされ返すという反転が起こるとき，筆者はそこに鷲田の言う「弱さのちから」[13]を感じ取る。そして「それいゆ」はそのような場所であり続けたいと願う。

おわりに

入居者の大半は家族をはじめとする親密な空間や関係のなかで暴力の被害にさらされてきた。そして自分に起こっていたことが「暴力」であると認識するまでに何人もの援助者を渡り歩いてくることも珍しくない。また彼女たちがさまざまな精神症状に苦しみ，生活課題を抱えながらも社会福祉の諸制度や施策からこぼれ落ちるのは，暴力被害に対する認識の低さや，女性がこの社会で生きるうえで抱え込まされる困難といったジェンダー不平等の視点が援助者にも不足していることは否め

ない。しかも女性の支援に必要と思われる制度や施策は縦割り，相互の連携も困難という状況にあってますます暴力被害者は周辺化されつつある。そこに筆者は児童虐待に関して人びとの間にわき起こるヒューマニズムとは違った冷ややかなものを感じるのである。

「それいゆ」の取り組みは始まったばかりである。さまざまな被害体験をもつ女性の支援の場から得られた知見の蓄積が急務と考えるが，生活を脅かす暴力や虐待，排除といった問題にとっていちばんの敵は人びとの無関心である。その意味で，支援の場で起こっていることの発信もまた筆者らの責務であると考えている。

注
1) 伊藤哲寛「相互支援システムの構築」『精神医療』34，批評社，2004年，8ページ。
2) 杉本貴代栄「フェミニスト社会福祉学をめざして」杉本貴代栄編著『フェミニスト福祉政策原論――社会福祉の新しい研究視角を求めて――』，ミネルヴァ書房，2004年，1～21ページ。杉本が指摘するようにジェンダーという言葉はフェミニズムという既成の価値観を色濃くまとった用語と違い，「中立的」で客観的として行政サイドで多用されるという経過をもつ。しかし筆者は杉本と同様にジェンダーの視点をフェミニズムの視点と同義語で用いる。
3) 信田さよ子『アディクションアプローチ――もうひとつの家族援助論』医学書院，1999年，34～35ページ。
4) 前掲3)，41ページ。
5) 清水新二「アルコール関連問題の社会病理学的研究――文化・臨床・政策――」，ミネルヴァ書房，2003年，203～204ページ。
6) 斉藤学「講演：嗜癖とジェンダー」『アディクションと家族』vol.20, No.1，ヘルスワーク協会，2003年，39～52ページ。
7) 吉田恭子「ソーシャルワーク実践におけるソーシャルワーク倫理の再検討」杉本貴代栄編著『ジェンダー・エシックスと社会福祉』，ミネルヴァ書房，2000年，171ページ。
8) 平川和子「ジェンダーと女性の人権」金井淑子，細谷実編『身体のエシックスポリティクス――倫理学とフェミニズムの交叉』，ナカニシヤ出版，2002年，183ページ。
9) 前掲8)，183ページ。
10) 浅野千恵『女はなぜやせようとするのか――摂食障害とジェンダー』，勁草書房，1996年，99～101ページ。
11) 斉藤純一「親密圏と安全性の政治」斉藤純一編『親密圏のポリティクス』，ナカニシヤ出版，2003年，213ページ。
12) 前掲11)，220ページ。
13) 鷲田清一『「弱さ」の力――ホスピタブルな光景』，講談社，2001年，175ページ。

初出：『社会福祉研究』91号　2004

第2章 Caféを[働く場]開く

[No.12　新しい場を与えられて] ──────── 2005年7月発行

　前回のニュースレターでお知らせしていたように、それいゆ共同作業所とNPO法人リカバリーの事務所がこの度移転いたしました。移転先のビルは、札幌ファクトリーから歩いて2～3分とずいぶん中心街に近くなりました。少し行くとテレビ北海道や北1条カトリック教会など目印となる建物が多く、わかりやすい場所です。3階建ての細長いビルですが、すぐ側には現在アカシアの木がたくさんの葉っぱを茂らせており、2階と3階の窓を開けると都会とは思えない緑が飛び込んで、気持ちをなごませてくれます。

　実は今年に入ると作業所を利用される方の数が増えて、織物や陶芸、そしてミーティングと人が集まると息苦しいぐらいになっていました。初めは横になって休んだりする部屋だったところも、織り糸や絵画の道具で身動きも取れないぐらい。休み時間も身体を伸ばせる場所が十分でなく、個別の面接をする時もドア越しに声が気になる等、そろそろ移転を真剣に考えなければいけないところに来ていたのです。

　それに加えて、作業所を移転する際に以前からの懸案であったカフェを併設したいということで、私たちはかなり欲張りな場所探しを始めました。しかも財源だって十分とはいえないという悪条件。気長に探すしかないと思っていた矢先でした。賛助会員のお一人から連絡があり、もし私たちが探している条件に合うようなら購入して貸してよいと思える物件が出たというのです。早速見に伺い、私たちは「ここだ！」と思いました。そして即座に「ここを私たちに貸してください」とお願いしたのです。それから大家さんは購入に際しての交渉を進めてくださって、私たちはその間にビルをどのような形で使っていくのか検討を重ねてきました。

　思えば3年間活動の拠点であった小竹ビルの大家さんも、私たちがまだ任意団体でどこからの助成も受けられずに作業所をスタートした際に、その趣旨に理解を示し快く貸してくださいました。そしてこの度

も、新たなカフェの開店も可能である広さと立地の良さ、なんとか支払いが可能な家賃など、本当に暖かい支援をいただく形で新しい場が与えられました。そのことを心から感謝しつつ、この場所からひとりでも多くの女性たちが自分の望むかたちで社会参加を果たしていって欲しいと思っています。

　またこの度のニュースレターには、カフェの開店に向けた寄付をお願いするビラを同封させていただきました。いつもこうしたお金をいただくお願いをするのは厚かましいようで気が引けます。幸い「ろうきん」よりカフェ開店に向けて30万の助成を頂きましたし、ほかにも既に申請を終えた助成金があるものの、結果は半年先とあって広くいろいろな方面に呼びかけようということにいたしました。私たちの活動はまだまだ始まって3年と日の浅いものではありますが、この間作業所やグループホームの利用者たちがそれぞれに力をつけてこの場所を巣立っていきました。そこで得られた経験に新しい支援の視点を常に取り入れながら、「それいゆ」はカフェという社会との接点を足場として、女性をはじめとする社会的に周辺へと追いやられていた人達が安心して暮らせる街づくりにも貢献していきたいと考えています。

＊カフェの開店に向けて

「カフェ開店に向けて〜菊水の"リファインド"にて実習中です！」

　作業所の「就労支援プログラム」に参加の利用者が中心となり、カフェの開店に向けた準備が始まっています。もともとこのプログラムはどのような形にせよ最終的には就労を目指す人達が、自分の適性や希望を手がか

りに具体的な情報の吟味や研修などを通じて「働く」ことへのウォーミングアップを行うものです。

　カフェという場がスタートすれば、コーヒーを入れることからお客様との会話、洗い場、レジ、売り上げの集計といった細かい作業や一緒に働く仲間との関係など、全てにおいて実際に自分の力を試すことになります。そして何は出来ているし、何はもう少しなのかが分かることで努力の方向性がはっきりするのです。このような練習の場が就労を具体的なこととして考えるにはどうしても不可欠です。さて、仮にカフェが実現するとしたら、なにぶん素人の私たちがお客様にお出しできるようなコーヒーを入れられるのか、いやその前にカフェとはいっても何をどう準備すればいいのか。

　途方に暮れていたところグループホームのすぐ近くで、それまでコーヒー豆の卸と小売りをしていたお店が、すてきなカフェ"リファインド"に模様替してオープンしたことを思い出しました。実は店主の飛渡さんは息子の同級生のお父さん、というつながりもあり、厚かましくも「それいゆ」のカフェ構想をお話ししてみたところ快く協力を申し出てくださいました。そして６月からは週に１～２度利用者がペアで店にお邪魔して、お手伝いしながらコーヒーの入れ方、接客の心得などを教えていただいています。飛渡さんからは一杯のコーヒーを心を込めて落とす、お客様にくつろいでいただくうえでの配慮など細かく指導いただくことで、自分たちのお店ではどんなことに気をつけようかと考えます。そして同じく指導していただいている従業員の大上さんからは、「固くならないで、大丈夫」と励まされ、自然な会話って難しいと感じます。お二人のもとで実習させていただきながら、"Café de Soleil"の開店に向けてハラハラ、ドキドキ、でもとっても楽しみな私たちです。

　今のところ９月中の開店を目指していますが、オープンいたしましたらどうぞお友達やお知り合いなどお誘い合わせてお越し下さい（賛助会員にはコーヒーチケット進呈）。ちょっとひきつった笑顔のメンバーが迎えてくれることでしょう。

[No.17 強さとは何だろうか] ──────── 2006年8月発行

　「障害者自立支援法」が施行となり、次第にこれからの新体系移行に向けたサービス単価や実施要件などが明らかになってきました。事業所説明会の度に持参する膨大な資料を読みながら、電卓をはじく日が続いています。1割の利用者自己負担が導入されたことにより、これまで通っていた授産施設への通所日数を減らす人や、地域のグループホームを退所せざるを得なくなったケースなどが報告されます。それでも、マスコミでこの件に関する報道が目立って多い、という訳でもない気がします。毎日のように報道される事件や事故、海の向こうでは繰り返されるイスラエルからレバノンへの暴力。そのなかにあって、病いや障害を抱えるひと達の暮らしが大きく揺さぶられている事実は、かき消されてしまうようです。

　この数年、人々の漠然とした不安や不満が、社会の中でより劣位にある人に向けられていると感じます。より具体的には女性、障害者、外国籍のひと達などです。先の見えない社会。安心や安全の感覚に揺らぎが生じ、当たり前に人々が共有してきた価値が変化しています。こうしたことへの苛立ちは、その原因探しへ向かい、いつの間にか先のひと達への批判的眼差しとつながっていく。私はこれまで人々の社会的に虐げられた者への無関心をコワイと感じてきました。でも今は無関心というより、はっきりとした攻撃がその人たちや私たちに向けられると感じ始めていて、それがコワイ。「甘えるな」、「自己責任」という言葉のもつ攻撃性は、「障害者自立支援法」への批判が大きな声にならないこととつながっていると感じます。

　普通に働けない人、人の手助け無しには暮らすことが難しい人、言葉や習慣をこの国の形に合わせない人などを、社会の大事な成員として私たちの仲間に迎えよう。もう同じ言葉を話し、同じ顔をしたひと達が"効率"の果ての豊かさを追求する時代に別れを告げる時がきたのではありませんか？　私たちは、この先どのような社会を望むのか。そこで

自分がなすこととは何か。まっすぐな言葉をぶつけ合わないと、私たちは弱くある自由を認めない、許さないといった「不自由な」なかで生きなくてはならない。

このところ「強さとは何だろう」と考えます。揺るがないこと、へこたれないこと？ でも大きな渦の渦中にあって飲み込まれないようにするので精一杯な自分が現実です。この春に感じていたような無力感も、なくなった訳ではありません。怖さも加わってしまった感じ。

はじまりは気配の記憶　　東京フェミニストセラピィセンター　平川　和子

「はじまりは気配の感覚」という言葉があります。フランツ・ボルケナウという独の歴史学者の言葉だといいます。私は網野善彦と鶴見俊輔の対談集（1994年出版）で知りました。その頃は始めてしまったシェルター開設・運営で、先の見えない日々を過ごしていたように思います。実は、この3月でシェルター活動を閉じることにしました。終わりから見るとはじまりの頃のことがよくわかることも多いものです。私の場合もその通りです。気配は大切な感覚でした。

住み慣れた家と地域のつながりを手放して、わずかな荷物を抱え、新しい人生を踏み出そうとする女性たちの意思に勇気づけられ、時に圧倒されながら、女性たちの行動力の凄さに学びました。もちろんその後の支援の困難にも直面しました。私たちは女性たちをねぎらいながらも、人間としての尊厳を打ち砕く暴力の深刻な実態と、その影響力の大きさを目のあたりにして、退所後の暮らしが拓かれていくようにと願いながら、女性たちを関係機関へとつないできました。この21年を振り返れば、女性たちと私たちが互いに揺らぐ中で、得体の知れないエネルギーが生まれてきたように思います。

そして4年前には、シェルター利用女性たちが自助グループ＜あんだんて＞を生みました。ゆっくりと、ゆとりをもって遊びながら、一歩ずつ進んでいきたいのだそうです。嬉しいことです。ああこれで、ようやくに、＜それいゆ＞に近づくことができそうです。2度の大火にも挫けず、大嶋さんやスタッフの飄々としたおおらかさとあたたかさには、いつも憧れてきました。チーズケーキもおいしかったです。これからのゆくえが楽しみです。

それなのに自分のなかにはムクムクと別な感覚も生まれてきています。それは「こんなことはおかしい」という思い。そして「同じような思いを持つ人はいる」という根拠のない確信のようなもの。この感覚をこの先、どんな形にできるだろうかと考えます。ただ現状への憤りをぶちまけるのではなく、何がおかしいのかを必要な人にどう伝え、どのように議論していけるといいだろう。相変わらず渾然としたなかですが、「このまま引き下がる訳にはいかないな」というこの感覚を頼りに作戦を練っているところです。

[No.20 それでも前へ] 2007年5月発行

　昨年12月にニュースレターを発行以来、新しい号の発行が大変遅れてしまったことをまずはお詫び申し上げます。
　「障害者自立支援法」の制定をうけて、昨年度グループホームは新しい法体系への移行（共同生活援助）を終えました。そして作業所は、ぎりぎりまで"就労移行支援"への移行を検討しつつ最終的にはそれを見送り、「地域活動支援センターそれいゆ」として新しいスタートを切ることになりました。年度末はいつもの会計報告に加え、新体系への移行準備もあり大忙しの毎日でした。事務を手伝ってくれるアルバイトの方をお願いし、何とか乗り切ったというのが現状です。
　"地域活動支援センター"とは、さまざまな障がいを抱える人たちが地域で集い、多様な福祉サービスを知り、活用出来るような橋渡しをする場所として作られました。従来の小規模作業所の大半がこの体系へと移行するだろうと言われている施設です。札幌市は"地域活動支援センター"にいくつかの特色をもたせて、独自の加算を支給していますが、「それいゆ」は"就労支援型"として申請しました。それいゆが移行を見送った"就労移行支援"との違いは、利用者は利用日数に応じて発生する原則1割の自己負担金を支払う必要がないということです。また、障害福祉サービス申請という手続きは不要で、従来通り"それいゆ"と

の直接契約だけで利用が出来ます。

　今回の法律では"働ける障がい者は働こう"という考えが大きくクローズアップされました。働くための準備や練習を障がい者自身が頑張れと言うのなら、障がいをもつことがその人の不利益にはならないという職場環境を社会はどう整えるのか？　確かに精神障がい者が障がい者の法定雇用率に換算されるようになるなどの緩やかな変化が始まっています。けれど、職場に精神的な障がいを持つ人を、自分たちの同僚として迎え入れようとする状況はあるのでしょうか？　病院に通院していることや服薬していること、就労までのブランクに入院を経験していることなどを開示して、他の人と同じように面接まで辿りつけるのか？

　この5年あまり、"それいゆ"では就労に向けた具体的な支援を重ねてきましたが、こうした疑問に対する明確な答えをどこからももらうことは出来ませんでした。ですから、こうした状況自体が孕む問題点は全て不問という前提で進められていく"就労移行支援"という事業に、どうしても納得がいかなかった訳です。ニート対策や不安定就労の問題が社会で取りざたされるなかで、障がい者もまた就労へと追い立てられるようなことがないのかどうか、疑問はつきません。いつの間にか働けないことが障がい者本人の"自己責任"などという片付けられ方にならぬよう、今後の動きを注意深く見つめていくことが必要なようです。

　このような背景を抱えて4月1日より「地域活動支援センターそれいゆ」となりましたが、今年は今まで以上に地域を意識した活動をしていけたらいいなと考えています。再開発の進む札幌駅の東側は、この2年ほどで高層マンションがたちならび、ショッピングエリアも充実してきてめざましい変化を遂げてきました。一方で古くからの小さな理髪店やお米屋さんといった商店も点在しています。このところCafé Soleilを窓口にして、地域の人たちが私たちのやっていることに少しずつ関心を持ってくださるのが分かります。いつか現在おこなっている「創作」のプログラムを地域の方達に開放したり、小さな読書会を開く。ささやかですが、私たちがこれまで培って来たものを、地域の方にも還元してい

けるようになりたいものです。福祉を取り巻く状況は、まさに逆風吹きすさぶ厳しいものですが、それでも前へ！ 潰されないよう、しっかりと地に足をつけていこうと思います。

[No.22　そこに人がいるという意味] ──── 2007年11月発行

　病院での仕事を離れ、生活の場で"暮らしを支える"仕事をし始め8年が過ぎました。特に「それいゆ」を立ち上げてからの5年は、自分にとって大きな正念場だったと思っています。いつも土壇場に追い込まれて湧き出る力でその都度を何とか乗り切ってきた、というのが正直な気持ちです。私には、本当に自分が乗るかそるかと追いつめられた時に会って、自分を確認することが出来る何人かの大切な"師匠"がいます。つい最近、そのうちのお一人に会ってきました。

　三好洋子さんが働く「NPO法人フリースペースたまりば」は、うかがっていたように昨年から管理・運営を任された「川崎市子ども夢パーク」のなかで賑やかに活気づいていました。関東の大都市としては貴重になった土の匂いがプンプンする、火起こしあり、冒険ありの広大な遊び場は、私を一瞬懐かしい広場あそびの時代に引き戻したほどです。「たまりば」には学校や家庭のなかに居場所を見いだせない子どもや若者、その保護者などが集っていました。プログラムは決められたものがなく、通ってくる人たちが自発的に決めたり仲間を募ったりしながら自由に過ごす場所です。

　私は飛び入りで、三好さんの助手としてお昼ご飯作りをお手伝いすることになりました。この日のメニューはクリームシチューとコールスローサラダ、大根の葉と油揚げの煮物、人参の葉入りごまみそ、さつまいものつるとこんにゃく、いりこ、さつまあげのきんぴら、頂き物の葉物でおかか煎りという豪華版。「何人分くらい作るの？」と聞くと、「今日は後から来る子もいるので30人くらいかなあ」というお返事。三好さんによれば、残ったら軽い夕食にもなるし子どもはいつもお腹をすか

せているから余るくらいでちょうどいいのだとか。さあ、それから3時間近く山のような野菜を刻む、刻む、刻む。クリームシチューは若いスタッフが、メンバーたちと協力しながら準備しています。その横で、そうしたスタッフとメンバーのやりとりを眺めながら、三好さんのお話を聞きながら、私の作業は続きました。

　三好さんはとにかく物を簡単に捨てません。最後まで野菜は使い切る。頂き物も工夫をしながら、感謝しながら料理していきます。こうした食べ物への向き合い方は以前に読ませていただいた、たまりばブックレット『生きることの発見』というなかで三好さんが話されたご自身の生活史に深く根ざしたものなのだろうと拝見しています。私は、こうした構えは三好さんが子どもと向き合う時にも同じなのではないかなと感じました。青少年自立ホーム「憩いの家」の寮母として長く勤められたなかで、多くの行き場を失った子どもと会い、関わりを切らないと決めるその覚悟のようなもの。そのことと三好さんの食べることへの姿勢とが、私には重なり合って見えるのでした。

　「たまりば」を1991年以来率いてこられ、理事長で責任者でもいらっしゃる西野浩之さんが最後に「夢パーク」の施設全体を案内してくださいました。広場では親子連れやグループがどろんこ遊びをし、お下がり品のマーケットを開いていました。この間のご苦労をうかがい、先駆的な事業がこの場に着地点を見いだすまでと、これからの飛躍に向けたお話なども聞きながらあっという間の一日でした。最寄り駅まで三好さんに見送られ、私は自分のやっていること、やろうとしていることの方向を確認していました。

　暮らしを支える仕事は、丸ごとの人と人とのおつきあいなのでくたびれることが少なくありません。どうしても人の悪いところばかりを探している、いじわるな自分に嫌気がさすほど気力が萎えることも、めずらしいことではありません。三好さんは『生きることの発見』のなかで「憩いの家というのは、大人も子どももエネルギーをぶつけあいながら、それぞれの道を探していく場だと、私は勝手に思っています」とお話さ

れているくだりがあります。こうしたひと言のなかに、支援とは利用者からスタッフへの一歩通行ではなく双方向に起こっているのだと気づかされ、はっとします。私の利用者への偏った気持ちを基本軸へと引き戻す力があります。と同時に、"そこに人がいる"ということの意味を考えさせられます。

　"それいゆ"は、さまざまな被害のなかを生き延びた女性たちが通過していける場であることを意識しています。ここでの時間は、プログラムに参加するだけでも、時どき覗いて帰るという形で過ごしても構いません。でも私がお勧めするのは、とことん時間を"それいゆ"で人と共に過ごしてみることです。人に働きかけなくても、人に働きかけられなくても、"そこに人がいる"という空間には人を変えていく不思議な力が備わっているからです。その力と時間。人が再度立ち上がって生きていくには、このふたつを欠かすことが出来ません。みんなには自分の内側に縮こまったままでなく、その力と時間を使って再び自分の世界を広げて"それいゆ"を後にしてほしい。三好さんを訪ねた時間を振り返りながら、そんなことを考えています。

〈末神久美子さんを偲ぶ〉

　2007年9月1日、交通事故にて急逝されました。開設当初の「リカバリーハウスそれいゆ」で一緒に仕事をしてくれた仲間です。50代になって精神保健福祉士資格を取得し、それいゆを離れた後は精神障害者の通所施設で活躍されていたのですが、本当に突然の死でした。

　私はお葬式で初めて"弔辞"を読みました。それが末神さんへの弔辞になるなんて、想像さえしませんでした。末神さんの死があまりに急な出来事で、現実感がありません。通夜には、当時のグループホームの利用者達が集まってくれました。本当ならみんな久しぶりに会うのは嬉しいのですが、悲しい再会のきっかけです。通夜の後、泣きはらした私たちは、それでも末神さんの"おもしろエピソード"で盛り上がりま

した。こんなに悲しい時にも、末神さんと過ごした日々の中で起こった可笑しな出来事に笑えました。本人は大真面目だったので、それも笑えました。そんな話をして笑いながら、みんなで泣きました。

グループホームの玄関には、末神さんが描いてくれた向日葵の絵が飾ってあります。「それいゆ」とはフランス語で太陽を指しますが、スペイン語ではひまわりを指す。それを知って、ハウスの開設の時に末神さんが私たちに贈ってくださった一枚です。

末神さんと会えなくなったことは悲しいのですが、玄関の向日葵の絵が目に入ると、末神さんが近くに感じられる瞬間があります。言葉を交わすことはなくとも、見守ってくれている、支えられているという思いがあふれます。末神さん、ありがとうございました。そしてこれからも、向日葵を描いた一枚の絵は、いつも私たちと共にあります。

[末神さんの記事　No.2]　　　　　　　　2002年12月発行

私がプライベートでつけている当直日記の1ページ目。「平成14年9月17日、当直予定のスタッフの体調不良により急きょ当直に入る」。私の人生における「当直」初体験の日であり、現場での第一歩となった日の日記です。すでに当直をしている施設長の大嶋さんの布団を借りて休んだのですが（今は自分専用の布団です）大嶋さんの布団で休んでいる事の不思議さと、ここで自分は何ができるのか？という不安で寝つけず、とりあえずは食事の仕度だけはできるじゃないかと妙な納得をしました。

3年前、私は女性の援助をする仕事がしたいとの思いで勉強を

生き延びて

MAYUMI

「それいゆ」を卒業して7年になります。

私は昭和44年生まれ。母方の海軍士官だった厳格な祖父母、その養女でヒステリックな母、絶対的な権力を持ち「誰のお陰で飯が食えると思っている」と言う父、兄との6人家族。喧嘩の絶えない両親、近隣には父方の親戚7世帯が住んでおり、家での事を口外するなと閉鎖され、親の顔色を伺い、安心や安全のない幼少期でした。

小学校で壮絶なイジメを受け、毎日死にたいと泣き、食欲もなく、夜は眠れない数年を過ごしました。でも当時はイジメや引きこもりという概念もなく、心療内科やインターネットネット、そして携帯もありませんでした。社会に出ましたが人間関係がうまくいかず、心身ともに疲れ果て、親の反対を押し切り同級生と結婚して仕事も辞め、実家を出ました。

その数年後に将来を期待されていた兄が自殺し、その翌年、私は離婚して実家に戻りました。仕事を再開しましたが、とうとうウツになりました。メンタルクリニックに通院して、投薬を受けカウンセリングを始めましたが2年経っても改善されず、縁があり「それいゆ」に繋がりました。

5年ほど通所したのですが、「レジリエンスプログラム」では、自分が実家で精神的な虐待を受けていたと知りました。そして元夫からは、経済的DVや言葉の暴力を受けていたことも知りました。自分はなぜこんなに生きづらいのだろう。それを知る作業があまりに辛く、何度も辞めたいと思いました。すぐに回復する実感もなくて苦しかったのですが、それでも続けられたのは、大嶋さんやスタッフが見捨てずに見守ってくれたからだと思います。初めて信頼できる人達との出会いでした。

どこにも自分の居場所がなくて、誰も信用出来ず、孤独と絶望、三面記事かお悔やみ欄しか選択肢がなかった人生でした。今では、美味しい・楽しい・嬉しいなどの彩りが増えました。以前大嶋さんから「生まれてきて良かったと思えなくても、生きていて良かったと思える瞬間があるといいね」と言われ、「そんなことは、絶対にありません」と即答し、その後、号泣した事を思い出します。

「それいゆ」で教わった食事の大切さ、そして、しっかり休むこと。日々の暮らしこそ大事で、そして丁寧に生活すること。そうすることで身体が整い、精神的な安定にも繋がるのです。この教えが今も私を救ってくれています。この先もいろんな事があると思いますが、大変さを含め味わいながら、毎日を過ごしていけたらと思っています。

始めました。フェミニズム視点での援助という勉強会で講師としての大嶋さんにお会いしたのが最初でした。その後もお会いする度に挨拶をする私に笑顔で応えてくれた大嶋さんが私を憶えていてくれたかは不明ですが、今年の３月、私の勉強会の場で、また偶然お目にかかり、初めてお話する機会がありました。昨年、大学の通信課程に編入学し社会福祉を学んでいる私は、大嶋さんの仕事場であった施設に、見学者として週一回のプログラムに参加させて頂きました。９月には新しい施設を立ち上げるのを聞いて、チャンスとばかりに準備のお手伝いをさせて頂き、「それいゆ」開所後は実習生として現場で勉強させて頂けるようになったのです。まだ来春の卒業も確定していない時期でしたのに、幸運に恵まれました。（卒業確定しました！）

　このような経過があって、グループホームに入所しているメンバーの方々と週２日、生活を共にしています。いきなりの現場、しかも「生活の場」であるという事が一体どういう事なのか？私には全く判っていませんでした。当直の度に目の前で起きる、私の予想をはるかに越えた出来事に戸惑い、現実に追いつけず、茫然とするやら、思いを伝える言葉を持たない自分に愕然とするやら、メンバーの方がそれぞれのサインを出し、折角アプローチしてくれているのに適切に応えられない自分がいるのです。そんな日は落ち込んでヨロヨロになって、「それいゆ」をあとにします。でも、翌日「それいゆ」に向かって車を走らせている私の心はウキウキしているのです。「それいゆ」に来られるのを楽しみにしている自分、メンバーの方々に教わるだけでなく応えられるよう勉強しようと、その必要性を切に感じている自分もいるのです。

　「スタッフに望む事は、利用者に安全な施設を作って下さい、そしてそれを維持するよう努力して下さい」──「それいゆ立ち上げ記念講演」にいらしたダルク女性ハウスの上岡陽江さんのお言葉です。焦せらず、でもちょっと早足で努力したいと思います。

援助者のキャリアを、「それいゆ」から始められた事を大変光栄に思うと同時に、メンバーやスタッフの方々に出会えた幸せを感じながら、楽しくも悪戦苦闘の日々を送っています。

[No.23　メンバーがそれぞれの2007年を振り返る]

2007年12月発行

◆実家を出て、生活するので精一杯でした。
　1人で生きる事に何度もパニックを起こし、そのつど言葉や行動の仕方を病院の先生や"それいゆ"から助けてもらいました。
　そうして落ち着いたり、また課題に直面して苦しんだりした1年間でした。　　　　　　　　　　　　　　　　　　　　　　　　　　（Y）

◆実は一度書いた原稿を消して一から書き直しをしています。
　一年どころか、半生を振り返ってしまって、やっぱり字数オーバーしてしまったからです。書き過ぎたなら削ればいいのになぁ…自分。「何とかホリック」は未だ健在のようです。
　2007年は、「"私らしい"生活」をテーマにしていました。振り返ると、「私らしさ」なんかよりも「生活って何ですか」が切実なテーマでした。
　今までは、私も含めてですが、家族の誰かが酔っているか、怒鳴っているか、死のうとしているか、泣いているか、叫んでいるか、遁走しているか。それが当たり前だったから、「何かが起きては右往左往」という感じ。今年は「何もないことに大混乱した」一年でした。
　押し入れ開けたら中に人がいて、穴の空いたガスボンベやビール缶がころがっていることも、トイレにワンカップが隠れていることも、調理用に買ったワインやブランデーが何故か行方不明になることもありません。自殺しようとする人もいないし。包丁で家族を威嚇する人をなだめる必要もない。タンスから刃物が出てくることもない。食糧

が傷んだと朝の六時からわざわざ部屋に来て叩き起こす人も、夜の七時が過ぎたからと怒鳴りながら電気を消しに来る酔っぱらいもいない。身に覚えのないことで疑われたり、罵られたり、変なあだなをつけられたり、濡衣なのに「真実を吐け！」と言われながらたんコブができるまで殴られることもない。食事に毒を盛ったとわめく人も、買い物を尾行する人も、誰かが風呂釜に頭を突っ込まれる暴力を目の当たりにすることもありません。

　生活問題…いや、死活問題の中で生きてきた私の「生活」のイメージは「サバイバル」です。親切にしてもらうと、「手を差し述べられたら気をつけろ！」「優しい言葉に惑わされるな！」と長井なにがしチックなナレーションが流れます。

　私には、これと言ってわかりやすいアディクションはないのですが、人を助ける「役割」には間違いなく依存して生きてきました。しかもそれが、人を助けるどころか、力を奪い、酔い続けられるようにイネブリングしていただけなんて。わかったときはどうしようもなく虚しかったです。淡々と毎日"それいゆ"に通うだけで一年が過ぎました。

　これまで年に何度も起きていた事件は、今年は一件もありません。ないならそれでいいはずなのに、あたかも何かが起こっているかのように、毎日些細なきっかけから「フラッシュバック」が起こります。シチュエーションは色々ですが、ちょっと高めの刺身コンニャクなんかを見つけ、睨みつけ、買っていいかどうか悩んだ挙げ句、トイレで泣いたり吐いたりしてる自分。それは一体どうなのよ？と思うと滑稽すぎて泣けてきます。毎日どうでもいいはずのことで錯乱しているので、どっと疲れます。思い出と呼ぶには過酷な出来事が、映画の予告映像のように脈絡なく思い出されます。小さい頃から、他の人のすざましい体験を聞く機会が多かったので、自分全然大したことはないじゃん☆と思っていました。まさかこんなにも苦しい（しかも怪しい）後遺症が待っているとは思いませんでした。今は、仲間とスタッ

フに支えられて、よろけたり傾いたりしながらも何とかどうにか生きています。どうもありがとうございます。書き直したけれどあんまり内容が変わっていませんでした。過去は変えられないんだなぁと、改めて思いました。
　　　　　　　　　　　　　　　　　　　　　　　　　　（さかき）

◆今年も、あっという間に1年が過ぎてしまったと焦っています。私にとってのセンターは、間違いなく居場所になっていると感じた1年でした。

　6月に、ずっと先延ばしにしていたアルバイトを始めました。センターの近くのコンビニでの4時間のアルバイトでした。"それいゆ"のカフェで練習させてもらったものの、16歳で回転寿しで働いていた以来のことで、こんな私で普通のアルバイトが出来るのだろうかと、出来ない自分を想像して、始めるまで頭の中はグルグルしていました。カッコ悪い自分を見られたくない、自分で見たくなくて、簡単にできること以外やらないくせがついていました。何年も仲間の中だけで生活してきたし、分かってくれる人の中にだけいて、居心地はいいんだけど何か物足りない気がしていました。アルバイトをしてみて少し自信がつきました。バイトに行く前にセンターに15分よってから行ったり、愚痴をきいてもらったりして、なんとか休まずに行けました。

　自分で思ってるより、私は変じゃないんだと思えたし、少し自分が好きになりました。でもアルバイトを始めて3ヶ月すぎたあたりから、アトピーがひどくなってしまって、1ヶ月ぐらい迷った結果辞めてしまいました。やっぱり私は何をやっても続かないと、また自信がなくなりました。今は、なんだかうつうつとしています。アトピーもなかなかよくならず、センターも、わがままに利用させてもらっています。なかなか自分の思うようにならないけど、着実に前には進めている気もしてきました。

　"それいゆ"という居場所を持ちつつ、大嶋さんにお尻を叩かれな

がらやっていきたいと思います。　　　　　　　（SHIHO）

◆今年も色々なことがありました。まず人間関係が知らないところでおかしくなっていて、それがいつまでたっても良い方向にならず苦しみました。裏切られた気持ちが出て来てとても苦しかったです。気持ちが落ち着くまでかなりの時間がかかりました。
　そして今年は仕事を始めたことが私にとって大きな出来事でした。去年はカフェや期間限定のアルバイトをしたとはいえ、やっぱり自信はあまりついたように思えないし、今度の仕事は最低1年間はそ

「心・身（こころ・からだ）」と「魂」の共生の「場」を創造すること

それいゆ監事　札幌学院大学教員　**望月　和代**

　過ぎ去った時間の長さの感じ方がひとそれぞれであるように、その場所で同じことをしていても、同じことを体験しているだけではないことがある。
　活動が始まって、大切にされてきたのは「場」だった。人の暮らしの営みにおいて必要とされる場所と場面が、集う人たちの声に耳を傾けながら形作られてきた。
　たんに健康であるということではなく、つま先から内臓や五感までを含めた心身の解放への道筋を、丹念に模索してきた。
　相手の身になることや、こころに寄り添うことなど簡単にできることではない。けれども、悲哀や逆境の中から起き上がって、ゆっくりと歩いていけるよう、対話を試み、伴走を続けている。
　それいゆ自身も幾度となく苦境を越えてきた。多くの仲間とつながり、発信し、自らを大きな木へと成長させてきている。「場」が活動を創造し、多様な活動が「場」を支えている。その循環からさらに強さが育まれて、共生し支え合う「場」が創られてきた。
　永い時間が経過したようにも、あっという間の15年だったような気もする。新鮮な思考と豊かな実践の湧き出る「場」、それいゆのひとりの応援団として、これからもエールを送り、見守り続けたい。

こで働き続けようと決めていたので、「仕事をしっかりしなければ」「職場の人とコミュニケーションをとらなければ」と意気込んでいました。

　実際仕事をはじめると、しっかりやっているつもりでもミスはするし、頑張って人に話しかけても自分が疲れてしまい結局続かないという結果に。愛想よくしている同僚がうらやましく思え、どうして私には出来ないのかと悩むこともしばしば。会社の人達（世間）が自分とは違う世界の人にみえて緊張しました。仕事仲間となにを話せばいいのかわからなくて焦り、「働いている目的」を忘れてしまいこんな会社にいてもいいことがないから辞めようかなと思ったこともあります。

　仕事をしてでてくる感情は今までと変わりませんでした。思い返すと穏やかに仕事をした日は少なかったと思います。けれど、ちょっとだけ愚痴をいうのを我慢したり、ちょっとだけしょうがないと思うようにしたり、そしてかなり意識して人に感謝するようにしました。正直しんどかった。ちょっとは結構ツライ。かなりはもっとツライ。

　仕事で気を使っていたぶん他ではぐだぐだで、考えた献立をわすれたり人や物の名前が思い出せなかったり、さっき話した内容をすぐ忘れてしまうことが以前よりも多くなりました。

　この一年は自分が思うより遥かにいっぱいいっぱいだったみたいです。
　　　　　　　　　　　　　　　　　　　　　　　　　（ともも）

◆私は今年を振り返って思うことは、コミュニケーションや、行動を起こすことが少し楽にできる部分がでてきたことです。私は抑うつ状態がひどい時は、人から何か話しかけられても、それに答えることはとても困難でした。今から思うと、罪悪感や屈辱感又は他責感や自責感、孤立感に押しつぶされていました。身動きできない状態で何とか暮らしていました。又そのことも解りませんでした。

　その私がどうして少し変わってきたのだろうかと考えると、それは"それいゆ"のプログラムをスタッフと相談しながら私なりに（そ

れが超難しい！）参加し続ける中から起こってきました。言葉で表現するプログラムでは自分の気持ちや思っていることを何度か聞かれます。自分の中にある不安や評価（私がこう話したら人はどう思うだろう）を強く気にしてる時は質問に答えることは困難だったし、自分のことが精一杯で人の意見を聞くことも困難でした。私はそのうちに、言葉では解るけど意味が解らないことが多くあり、解らないことを解らないと話せるようになってきました。

　そんな時、私には"片づけられない"という問題を抱え込んでいました。私にはどうにもうまくいかないし、家族にも迷惑かけていることをプログラム"当事者研究"でみんなに話をして一緒に考えてもらうことにしました。私は状態をみんなに話をして、みんなからも片づけについての体験を話してもらいました。みんなの体験を聞いて、得意な人もいれば、苦手な人もいることを知りました。私は片づけられないイコール罪悪感だったので、そう思わないで"困っていること"としてとらえることが大切だと知りました。これが人と問題を離して考えることであり、問題の外在化だと解りました。私は、又女性らしさ、妻や母親の役割に縛られていることも解ってきました。片づけはコミュニケーションから始まりました。

　プログラム"ボディワーク"では、私は人の体に触ることも、触られることも怖くてできなかったのに、いつのまにかそのことが気にならなくなっていました。

私は自分の体を汚れていると思い込んでいたので、人の体に触ることは私の汚れを移すことであり、自分の体を触られるのは人を汚してしまうと思っていました。実際に人と接触する体験をする

ことによって（両者の了解が前提です）私の体は汚れていないし、移すことも汚すこともないことを体感しました。又人の手のぬくもりや暖かさを感じるようになりました。

　今年もメンバーやスタッフ、又"それいゆ"の活動を通して出会った人たちに、気持ちを聞いてもらって、気持ちを少しずつ話せるようになってきました。色んな人に色んな形で支えられてきました。そのことによって、私の中にうれしさやありがたい気持ちが増えて私は尊重されている、大切にされていると思えるようになってきました。そうすると、自分にもっと優しくしたいと思えるようになってきました。

　人にも優しく接したい、人と尊重する関係性を築きたいと思っています。不安や緊張は強いのですが中身は変わってきました。気持ちを意識することによって変われることを体感し始めています。病気だけれど幸せな気持ちが生まれました。みなさんありがとうございます。来年もよろしくお願いします。
　　　　　　　　　　　　　　　　　　　　　　　　　　（小雪）

◆札幌に来てから早いものでもうすぐ２年になろうとしています。
　「私は変わりたい」ただそれだけでがむしゃらにやってきた様な気がします。時にホームシックになったり、都会の便利さが疲れるなあと思ったり。一生懸命やりすぎて心身ともに疲れ果てて、「少し休みたいな」と思った時にインフルエンザにかかって、３週間お休みしました。確かに少し変われた部分もあります。クスリ、お酒、オトコ、買い物‥いろんなアディクションが止まったことは奇跡だと思っています。母や娘ともやっと家族みたいな心や言葉のやりとりをすることが出来る様になって、深い幸せを感じています。

　あとは、・・・変わっていないですね、なんにも。相変わらずビョーキのままだし、最近はフラッシュバックのおまけまで付いています。ただそれらに対する感じ方が変わりました。

　フラッシュバックについては、自分の過去を静かに受け止めなが

ら、少しずつ本当に過去のものとして手放していけるプロセスの第一歩だと思っています。ただ、今はまだ辛くなるので周りの人に少しだけ荷物を持つのを手伝ってもらいながら元気になりたいと思います。ビョーキのままの私を受け入れてくれる、周りのたくさんの人たちとの出会いは、札幌に来た一番の収穫で、私のずっと大切にしたい宝物だと思っています。彼らにありのままの私を受け入れてもらえたことで、少しずつですが自分を肯定出来る様になってきた気がします。

　"それいゆ"を卒業したら地元に戻る予定ですが、これからは自分を大切にし、自分を労ってあげようと思います。そして自分の周りにいてくれる人たちにも優しくなれたらいいなって思えるようになりました。
(K)

◆去年は人との程よい距離感が掴めずに苦労したなと思う。カフェ中心でプログラムにはほとんど参加しなかったため、メンバーの顔触れに慣れず常に緊張していた。自然に肩と背中が硬直して、空間に人が密集してくると落ち着かずよく気疲れした。どこか輪の中に入り込めない寂しさと息苦しさから、理由をつけてそれいゆに行くことを拒んだこともあった。

　今年からプログラムに参加し始め、徐々に雰囲気を掴んでからは、メンバーとも溶け込んで、自分のアホさ加減を包み隠さず披露して（隠してもボロは出るので諦めた）、大笑いしてくれるメンバーを見て嬉しい気持ちになった。完璧な自分を通すことは本当窮屈な作業だったなと思う。人前で自然に笑えるようになったし、スタッフの前で泣けるようになったのも大きい。多少の緊張はあるけれど安心できる場所だと思う。

　それから、体調に大きく左右された１年だった。精神的なダメージがかかると、体にはっきりと目に見えた不調が起きる。また、それとは別に起きる不調もあり、一定のリズムを保つことに苦労した。そんな体を抱えながらカフェで働くのはいい練習になっている。カフェ

では、スタッフになってから1年半が過ぎた。ランチが始まり就労支援カフェではなくしっかりとしたお仕事になってきた。最初の頃と比べて、カフェに向かう意識がだいぶ変わったと思う。今になってアルバイトをしていた頃、上の人に注意されていた意味がわかる。お客さんが来ると怖いと震えていたのに、今では来てくれて有り難いなと思う。とはいっても複雑な注文が入ったり混雑しているのに作業がはかどらないと、パニックになり頭がフリーズしてしまう。今目の前の作業を淡々と思っていても焦って口ごもってしまい、相方さんとの意思疎通ができなくなり周囲が見えにくくなる。これは私の課題だ。

　そして気付いたことがある。私は「間違ってないよ、OKだよ。」と背中を叩いてくれる人が側にいないと、物凄い不安感に陥る場合があると気付いた。人一倍ビビりで小心者のせいか、何にでも恐怖を感じてしまう。これも来年への課題として、うまく付き合う方法を見つけたい。

　私にとって、家での過ごし方もかなり重要。これまでは揉めてギスギスした関係になるのが嫌で、家族に反発したり衝突を避けてきたけれど、結果、お互いの本音を知らず悶々としたまま暮らしていた。わかりあえなくとも、時には我慢せず思いを主張することも必要なんだと知った。相手のためにと思っていたことが実は裏目だったんだなと気付かされた。相手に変化を求めず、私が柔軟になればいいことも知った。

　周囲と比較しすぎて、私は情けないと焦っていたけれど、自然とそう思わなくなった。相変わらず抱える問題は大きいけれど、それだけそれいゆでの生活に充足感を感じているんだと思う。そう思えるのはやっぱりメンバーやスタッフのお陰なので凄く感謝しています。皆さんどうもありがとう。
　　　　　　　　　　　　　　　　　　　　　　　　　（よしこ）

◆私にとっては、大きな動きがあった一年でした。
　とにかく行動しないとならない、止まっていること、戻ることが

許されない年だった。就労準備、引っ越し、アルバイト。まず、就労に向けてカフェのシフトが増え、"強化月間"スタート。就労に向けて、とはいっても、私は就労に向けて、なんて意識はなくて、それいゆの中にいる暮らししか見たくなくて、シフトが増えるのも嫌だーと言っていた。

　私は就労するために自分が何をしたらいいのか、わからなかった。色んな事を知らな過ぎると言われても、それが理解出来なかった、"とにかく行動"と言われても、何がなんだか解らないままだった。私は混乱と混沌とした中にいたと思う。とにかく自分のできなさや恥ずかしさを感じることはとてつもなく恐ろしい事で避けたい事だから、特に同世代となると、はっきり見えそうでこわい。それでもスタッフに"いいかげんにやるよ"(このようには言ってないかもしれないけど)とカフェやジョブカフェ登録は進み、スタートした。

　行動してもつらくて、何をするにもド緊張だし、生活ボロボロだし疲れます。辛くなると、しんどいーと泣いたし、「どうして私だけ許されないの!?」とふくれた。スタッフに諭してもらい、付き合って

感情のキャッチボール　　　　　　大阪ダルクディレクター　倉田　めば

　依存症のミーティングでよく唱えられるニーバーの祈りの中の「変えられないものを受け入れる」という言葉は、「自分が選べないこと」すべてにも当てはめることができるのでしょうか？　そんな疑問が生じる時いつもジェンダーやセクシュアリティについて思いが及びます。不平等なものに対してあげる声をねじ伏せる言葉として、受け入れる→受け入れろと言われているような気がしだしたのは、わたし自身が男性から女性へとトランジットし始めたときに、かって度々聞こえていた内奥の声でもありました。トランスジェンダーであることを一番否定していたのは他ならぬわたし自身だったのです。

　薬物や自傷をやめるというよりも、アディクションが不要になるには自分の真ん中を歩き始める必要性がありました。特に女性やLGBTQのアディクトたち

もらいました。あっという間に三月中旬になり、家探しが始まりそれからはへとへとでした。三月末に、二年間お世話になったハウスを出て、一人暮しが始まりました。一人暮しを始めて食べて籠っていたら、外に出た時、世界と自分が一致しなくて焦った事もありました。しばらくして、ほぼ毎日の自助グループに通わせてもらい始めたのもこの頃です。　ミーティングはいつもではないけど、行くと笑わせてくれて、つらいのに一瞬はつらさを忘れて笑ってる、少しだけ軽くなる。仲間と遊んで、お茶する中でこれしたいね、あれできたらいいねと会話するのがとても楽しい。誰かと同じ時間を共有しあえることが嬉しい。だけど一人暮しをして前よりさびしさを感じるようになったと思う。
　そして 今年一番の出来事は、アルバイトを始めていること。
　出来ないことのオンパレードです。
　集中できない、指示が理解できない、確認や復唱ができない、注意されても直らない、すぐ忘れる、ちょうどいい時間に出勤できない、出勤時間を間違える。こんな自分でこれからも存在しつづけるのかと

は、あらかじめ社会的、政治的に奪われているものが多く、アディクションだけが唯一のリセット効果をもたらしてくれます。そこから脱却していくには、ゆれ動き、暴れまわり、周囲を巻き込む独りよがりな気分の後ろに隠れている真の感情を眠りから呼び起こし、認めてくれる仲間や支援者が必要不可欠だと思います。
　回復しようとしている人が求めているのは、治療者ではなく、感情のキャッチボールの相手なのです。感情は、宙に浮いているものではなく身体に張りついており、その身を置く場としての施設を切り盛りしていくのは一大事業です。「それいゆ」が15周年を迎えられるそうですね。どんなドラマが今まで展開してきたのでしょう。大嶋さんやスタッフの皆様のご苦労も想像しますが、きっとそれを上回る喜びの瞬間も味わわれてきたのではないでしょうか。じゃなかったら、さっさとやめちゃいますよね。笑。

思うと死にたくなった。迷惑だらけで自分の存在がつらくて消えたくなった。 でも、今もアルバイト先にいます。

　昨日はバイトで、店長に「お声かけありがとうございます、それでお客様が入ったと思ってます」って言われたし（それだけで嬉しい）。働くのは辛いけど、なんとか年末がんばるぞー！　最後は意気込みになってしまいましたが、とにかくしんどいけど早い一年です。

　でも、あたしの周りでサポートしてくれた人達も大変だったんだろうなと一年を振り返ってみて思いました。　　　　　　　　　（キイ）

◆それいゆのプログラムの中で、「聞く・話す」という作業を繰り返す。いつも、色々なことに気付くけど、不思議なことに、その時の自分のパワーに見合ったことしか思い出さないようだ。始めは「どうやら私には蓋をして見ないようにしていることがあるようだ」と知った。それでも、この病気は他人から押し付けられたと思い込んでいた。そのうち「他人の気持ちは変えられないのに気にする（察する）。でも、変えられる自分の気持ちは解らない（知ろうとしない）」「笑っていない＝怒ってる・相手と同じではない＝拒絶などの独特な翻訳機能」等、私は普通ではないんだと知った。きっと、グループワークで客観的に見つめることでしか気付けなかっただろうと思う。やっと自分の病気なんだと思えた。「私達は規格外」という言葉に救われて自分を責めずに済んだ。病気が自分のものになり、治せるような

気がして、「規格内になりたい」と、もがいている。

　「今は規格外だ」と認めることでようやく、心の蓋を開け始めることが出来てきているようだ。何重にも密閉して、自分の記憶まで操作して、見ないようにしていた中身が、隙間から漏れ出してくる。辛く、悲しいことの多い作業だけど、確実に一歩前に進むことが出来る。何が出てくるのか、今の私には思いもよらないものが出てくることだろう。いつも Amazing な（驚くばかりの）中身だけれど、中から出して、手にとって、しっかり見つめてあげると、仲良く出来るようになることが解ってきたことは Grace（大きな恵み）だと、この頃つくづく思う。

　一つ一つ「ゴメンネ」「お疲れ様」「ありがとう」って声を掛けて、大切に愛でてから、手放してあげたいと思う。　　　　　　（I）

◆私はアルコール依存症で、摂食障害で、鬱病です。今年は病気がひどくなり、生活が破綻しました。周囲の人を傷つけ、信用も失いました。

　"それいゆ"に通い始めて自分自身を見つめる機会が与えられ、自分がどうなっているのか、どうしたいのか、少しづつ見えてきました。

　昨年の今頃は家に引きこもり、朝から酒を飲んでは問題を起こし、気を失うまで飲んでいました。家の中はぐちゃぐちゃで、人間らしいとは程遠い生活をしていました。今は朝起きて身支度をし、電車に乗ってそれいゆに来ています。それだけでも私にとっては有意義な時間の過ごし方です。

　"それいゆ"ではプログラムを通して人とコミュニケーションをとる練習をしたり、仲間と分かち合いをしています。どこにも居場所のない私に、"それいゆ"という場所があってよかったと心から思います。今年はアルコール依存症と診断され、入院もした年でしたが、私の生き方がおかしかったと気づくことが出来ました。自分で自分を苦

しめる生き方をしてきたのです。これから自分らしく（らしくも模索中です）生きる為に努力したいと思います。病気を抱えて生きていくのは大変しんどく、とても生きてはいけないと思うことがしょっちゅうあります。そう思えば思うほど病気は悪くなり、また自分を苦しめてしまいます。最近はやっと病気でも生きていける、生きていきたいと思うようになりました。楽して回復することはできないこともわかってきました。回復に向かって努力したいと思います。　　　（W）

◆私は"それいゆ"に来る事が出来て本当によかったと思っています。何故なら、あの時のあのままでいたら、殺人とまではいかなくてもきっと何か事件を起こしていた様に思うから…。

　今までの人生は成り行きまかせできた様に思う。自分の意志をはっきりと主張する事ができず、「時の流れに身をまかせ」みたいな感じで生きてきた様な気がする。自分の人生を考えてもみなかった私ですが、もう二度とあの様な苦しい思いはしたくないと今は感じています。

　"それいゆ"に来た当初は皆の中に入っていけるのだろうかと不安でいっぱいでしたが、同じ悩みを持つ者同士、仲良くやっていこうと決心し、自分に言い聞かせていく内に段々と会話が出来る様になり、自分の中の何かが少しずつ変わってきている様な気がする。元々内向的な性格なので人と話す事が苦手な人間だったのです。感情を表に出す事ができず、いつも心の中で泣いていた私！　今もまだ人と話す時は緊張してしまうけれど、最近は笑って話す事も出来るようになってきた様に思う。

　"それいゆ"では毎日が勉強なので、大変でもありますが、又、楽しみでもあります。ボディワーク、絵画、織物等、自分一人では無理ですが、皆でやるとなるとこれ又結構楽しいことがわかり、私にとっては新しい発見である。

　私が来たのは、もう夏の終わり頃ですが、センターからの帰り道ふと見ると、道ばたにひっそりと咲いている花を見つけ、ワァー可愛く

て綺麗、と思い、ふれてみたくなる。小さいけれど何故か強くたくましく見える。がんばれ！私もがんばるから、と思いながらいつも帰っていた私である。

夜のミーティングが終わり、一人とぼとぼ帰るのはとっても淋しいけれど、ホームではスタッフが作ってくれる温かい夕食と仲間達の「おかえりなさい」が待っていると思うと、つい小走りになる。"それいゆ"につながる前の私は家に帰るのがイヤでイヤでたまらなかった。毎日が疲れきっていた。だから今の私はとても幸せ！　こんな私でも受け入れてくれたみんなに、感謝の気持ちでいっぱいです。ありがとうございました。これからもよろしくお願いします。　　　（ナナ）

◆暮らしにも慣れ、症状も落ち着き、自分と向き合う覚悟ができました。やっとスタート地点に立つことが出来たと思います。

今年一年辛いことも沢山ありましたが、嬉しいこともありました。自分の意思や感情を人に伝えることが苦手で、誤解を招いたり事態を悪化させたりすることが多くありました。

人の中にいる、ということは今でもしんどいですが、それに慣れなければ社会生活は送れません。逃げているとますます人が怖く、嫌われていると思い込む悪循環。仙人のような生活を送る選択もありますが、少しずつ回復するにつれものすごく孤独感に襲われました。やっ

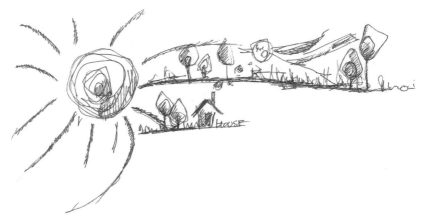

ぱり人と繋がりたいんだと感じました。

　それいゆはスタッフがいて、安全な場所でいろんな生きづらさを抱える仲間がいて、自分にはどうしても必要な場所だと思っています。必死に泣きながら通うこともありました。通い続けるうちに変化していることに気付きました。

　先日のお昼休み仲間の隣に座っていて、よもやま話に加わりごく自然に笑っている自分に驚きました。無理に作り笑いをするでもなく、ひきつった笑顔でもなく、ただ笑っていたことが嬉しかった。そしてつい先日の晴れた朝、冷たい空気に白い息、ああまた長い冬が来るのかぁ。と沈んだ気持ちでいると視界に冠雪した藻岩山が入った。一年以上通っている道なのに、いつも眉間にシワを寄せ地面を見つめて歩いていたので山があることに気付かなかった。その時私は正面を向いて歩いていました。

　今年は無事に乗り切れそうだな、と思えました。　　　　　　　　（U）

＊社会のなかに居場所を見つけるために

　「それいゆ」の立ち上げからわずか３年で、小規模作業所が札幌の中心部へ移転し、カフェを開設することになりました。法人が掲げているミッションは４つあります（①女性が安全に暮らせる場の提供、②女性が社会参加する準備の支援、③女性が人とつながるための言葉の獲得、④社会に女性の抱える困難を知らせる）が、②にある社会参加のひとつとして就労があります。これまで、援助における暮らしの場も日中活動の場も、利用者が"通過していく"ことを意識してきました。「それいゆ」でしばらく自分と向き合う時間を過ごし、彼女たちには社会の中に戻っていく場所を見つけていくよう意識してもらい、一緒にその場を見つけては送り出します。社会の中に自分の居場所を見つけ、そこに新しい仲間を見つけることは、彼女たちが「それいゆ」を離れたあとも自分を大事にしながら生活するには大切だと考えているからです。そのため

にも学校へ通う、職業訓練を受講する、アルバイトを始める、そしてボランティア活動に参加するなど、希望に添いながらさまざまな可能性を模索します。しかし、頭のなかだけでこうした将来の自分を描こうとすると、メンバーの多くが親密な関係の人からの暴力被害を体験していることもあり、どうしても「再度人に傷つけられる」ことへの怖れが再燃しました。そのため、先へ進めないという事態にぶつかるのです。プログラムと称して、自分の考えや感情を言葉にする、あるいは創作活動を通じて表現するだけでは越えられない壁だと感じました。そう考え模索する中で、働く場所、しかも「それいゆ」に通いながら社会とも接点を持てる場としてのCaféの開設を決めました。移転先は、こうした希望を叶えてくれる、願ってもない場所でした。

＊プレ就労と能力（ちから）の凸凹

　法人は、開設当初からいつも資金難でお金はありませんでしたが、ここでも多くの方々にお世話になりました。菊水のグループホーム近くにあった『リファインドコーヒー』からは、コーヒー豆だけでなく、美味しいコーヒーを落とすための技術を提供していただきました。メンバーとスタッフは、現在もお店に出せるコーヒーを落とすための実習を、このお店でおこなっています。また、マスターからお店の施工会社を紹介され、次にそのご縁で店舗設計の建築士とつながり、現在のところにカフェが移転しても、お付き合いが続いています。

　さて、Caféの開店に向け準備も大詰めを迎えた時期になり、初めてわかったことがありました。それはメンバー達の能力に意外な凸凹が多かったことです。例えばコーヒーを落とすのはとても上手ですが、緊張が強く接客が苦手なひとがいます。また、店が混み合い注文が重なると混乱していつもの力が発揮できないひと、そして自分のペースで動いてしまうので周囲が見えず、一緒に働く人との関係がぎくしゃくするひとなどさまざまです。このように実際に場面を体験することで、メンバーは自分が働くことにどのような課題を抱えるのか、認識することになり

ます。それは能力があるかないではなく、能力を存分に伸ばすところ、苦手をカバーする方法を探す過程でもありました。

一方でスタッフは、ソーシャルワーカーになるための専門教育を受けてきたのに、Caféでコーヒーや軽食を出す仕事をするなど、想像も出来なかったでしょう。

しかしメンバーたちの能力（ちから）の凸凹を見極めて、店が回転していくようシフトを作り、さらには彼女達が社会での居場所を見つけるヒントを一緒に探すのが仕事なのです。目の前の現実をまずはどのように捉え、そして何をするのか。大学での専門職養成ではこれをジェネラリスト・ソーシャルワークとして紹介しますが、まさに「くらしに関わる事柄のすべて」に関わるように求められることは、スタッフにとっても本当に大変なプレッシャーであったことと、今更ながらに思います。

一方で、収穫もありました。気分や体調にムラの多いメンバーたちが、店に立つためには「調子が悪いなりに与えられた仕事をこなせる」ように、自分を整えていく必要を実感していきます。スタッフが言葉で何回も説明するより、実際にCaféで働く体験は、彼女達を大きく変化させていきました。そしてメンバーによる2007年の振り返りにもあるように、Caféでのプレ就労体験は、その後彼女達が「それいゆ」を離れて社会へと移行していく時の"通過地点"として必要であり、同時に大きな自信を得る場となっているのがわかります。

＊「障害者自立支援法」における就労

2006年から運営の法的根拠に大きな変化がありました。「障害者自立支援法」の施行です。それまで別々だった知的・身体・精神の3障がいの支援窓口が、ひとつになりました。そして原則サービスの利用に1割の自己負担が導入され、障害者の雇用を促進することが法律の骨子でした。その考えは、現行の「障害者総合支援法」にも受け継がれています。

国の訓練等給付事業の大枠が発表されると、地域の事業所はその規模に関わらず大きな運営の転換を余儀なくされ、さまざまな反対運動も起

こりましたが現状を変える事はできませんでした。そして障害者の就労支援に関して、特に手厚い訓練等給付の設定がありました。私たちのように小さなNPOは、従来の単年度の助成金事業にとどまるのか、新たな法体系に参入するのか判断が難しいところでしたが、グループホームは新法へ移行し日中活動は従来の形に留まりました。

　日本では少子高齢化が急激なスピードで進み、労働力の確保が重要な課題となっていました。その状況は今も変わらないし、むしろどんどん悪化していると感じます。「働ける障害者に雇用を」というとき、私には市場が求めている人材と障がいを抱える人とのマッチングがそう簡単でないと分かっていたので、危ういなと感じました。すでに始めていたCaféでの体験もそうした感覚を実証したと思います。また、今とは違い、障がい福祉サービスの担い手と、労働問題の専門家との距離感も大きかった。そして知的・身体障害に関する就労支援には、それなりの実践知と実績が積み重なっていましたが、精神に関しては医療主導と個人情報という壁が立ち塞がり、わずかな実践しかありませんでした。

　こうしたなかで、障害者の就労支援をビジネスモデルでおこなう事業所が現れてきました。きれいで立派なパンフレットには、精神の不調と付き合いながら、時に「死にたい」と思いつつ生きている人の暮らしなど、どこにも描かれてはいません。なぜ働くのか、なんのために働くのか。なかなか答えの出ない問いに、生活しながら向き合う。この時間がないと「働く」はうわべだけの事になり、人を人として大事にしない利益重視の組織で窒息するだけです。当時は、とにかく法律の施行で浮足立たないよう、物事の本質を見極めていこうと考えていました。過労死や職場でのハラスメントなど、働く人の尊厳が守られない社会の側にこそ、たくさんの欺瞞があるのをメンバー達に知らせよう。そして社会に再び参加した時に、メンバーがそれぞれ潰されないように、「生き延びる知恵」を見つけようと必死でした。そして法人は、同じ志を持つ人たちとネットワークを作って、こうした圧力に負けまいと具体的な方法を模索する時期へと入っていきます。

論考

「往来葉書」やってみませんか？

大 嶋 栄 子
NPO法人リカバリー代表

往来葉書という手法

　NPO法人「リカバリー」は、2002年9月に北海道札幌市において小規模作業所1か所（現在は地域活動支援センター）とグループホーム2か所を開設してスタートした。名称はそれぞれ、地域活動支援センターそれいゆ、リカバリーハウスそれいゆ、ステップハウスそれいゆである。「それいゆ」はフランス語で"太陽"を意味する。利用者のそれぞれの中にある快復の種がゆっくりと育つには欠かせない、日差しのようなものでありたい。そんな思いから名付けられた。

　支援の対象は、さまざまな被害体験を背景にもつ、精神的な障害をかかえた女性である。

●「表現」から「つながり」へ

　札幌在住の造形作家である小林重予さんが絵を描いたりコラージュをほどこした一枚の葉書に、鹿児島在住の詩人である岡田哲也さんが詩と文を書き足して送り返すというユニークな試みが詩画集となって出版された――。たしかそんな新聞記事がふと目に留まったのが昨年（2009年）の5月だった。

　小林さんのことは、地域活動支援センターそれいゆが立ち上がって間もないころに、共通の友人を介してお目にかかって知っていた。記事を読んでいくうちに、「メールを使えば瞬時に用件が送られてくる現代だが、相手とゆっくりかかわる時間も今の社会には必要だと思う」という文章が印象に残った。また、この葉書のやりとりには「相手から自分が思いもかけない反応もあって驚くこともある」とあった[1]。

　往来葉書（図1）という手法は、相手と「待つ、つながる、相互にかかわる」という双方向のやりとりである。自分が相手に問いかける、投

げかける、気遣う、尋ねるなど、さまざまな形の働きかけが可能になる。そして相手から返事を"待つ"という時間が必要になる。新聞記事からは、自分と相手との間を行き来する葉書での表現を介して、関係が築かれていく感覚が溢れていた。

それいゆではこれまで、メンバー各自が自分を表現する手だてとしてコラージュなどをも行ってきた。しかし、その先の"他者とのかかわ

図1　往来葉書とは

　差出人は葉書に絵を描いて投函、受取人はそこに絵や文章を自由に書き足して返送――こんな絵を介した葉書のやりとりが「往来葉書」です。「待つ」「つながる」「相互にかかわる」ことを2人で楽しむ郵便アートを、皆さんもやってみませんか？

　なお、YouTubeで〈小林重予　往来葉書　お知らせ〉と検索すると、詳しいやり方がわかります。

《往》

《来》

大嶋さんが描いた気球は、好奇心っ娘さんによって南の島に変身。パンダも一緒のようです。

りやつながり"に向けて何かをすることが必要な時期に来ていると私は思っていた。利用者たちに取り組んでほしいと思っていたことを、この手法はぐっと身近に、しかも楽しく実現してくれるかもしれないと思った。

● "待つ"時間が関係をつくる

　そんなときに、法人の理事がワークショップに参加して、実際に往来葉書の体験をした。そして、大変おもしろいので、それいゆでも取り組んでみてはどうかと往来葉書の展示会を紹介してくれた。私はさっそく作品を実際に鑑賞し、小林さんからもお話をうかがってみた。そこでわかったのは、往来葉書は、単なる表現を越えた、相手との関係づくりとして捉えられるということだった。

　小林さんは、それいゆがさまざまな被害体験を背景にした精神の不調に苦しむ女性を支援していることを聞き、「精神保健の領域で働く専門職が、この手法を通じて、クライエントのもつ"他者とつながる力"を拡げていってほしい」と話された。特に精神科病院などで長い入院を余儀なくされている人たちが病院の外へ働きかける手段として、あるいは逆に病院の外から本人に働きかける手段として、双方向なものである点に意味がある。

　それが先述した「待つ、つながる、相互にかかわる」というコンセプトである。しかし、相手は自分の呼びかけに必ずしも予測したように応答しないことがあるし、その意外性に新しい発見があるのかもしれない。そして相手からの応答をじっと"待つ"という時間は、小林さんがいう「思いの種」[2]が芽を出すために必要なもの、すなわち関係がつくられる時間と言ってよいのではないか。

　そこで小林さんに講師をお願いし、
① 　「それいゆ」スタッフ向けのワークショップ
② 　「それいゆ」メンバー対象のワークショップ
③ 　医療や福祉の専門職向けのワークショップ
と、計3回のワークショップを開催した。

スタッフ向けワークショップ（2009年7月実施）

●魔法の袋に魅了され……

　まずはスタッフが、往来葉書づくりを体験した。その後のワークショップでは、私たちスタッフが小林さんのアシスタントとなるからだ。仕組

図2　往来葉書のつくり方（北海道立文学館ホームページより抜粋）

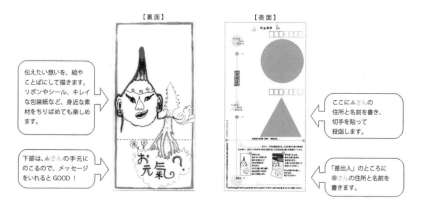

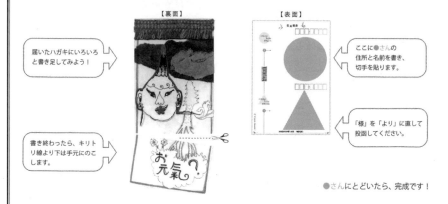

※往来葉書を入手したい方は、NPO法人リカバリーまでお問い合わせください。

みをしっかりと理解しなければいけないし、相手に伝えたいことをどう色や形で表現するかで頭はけっこう忙しい。

　前頁の図2は往来葉書の手順を小林さんがイラストにしたものである。葉書は通常のものよりも縦長で、宛名面も表面も両方を使って相手に伝えたいことを描く。

　小林さんはワークショップにいつもたくさんの絵の具や、質感の異なる紙、キャンディの包み紙や外国語の新聞、スタンプ、きれいなレースや布などをいっぱい持ってやってきてくれる（それらがぎっしり詰まった大きな袋はまるで"魔法の袋"に思えた）。

　これらは小林さんがこの8年あまり続けている日記画でもしばしば使われる素材である。はじめは相手になんと伝えようかと思いあぐねていたが、この素材がもつ魅力に私も含めスタッフはすっかり夢中になってしまった。

　小林さんからは創作に際して次のような注意点をうかがった。

(1) 相手が返事を描くスペースを残すこと（夢中になるとそれが難しい）。
(2) 切手は80円分を貼るが、切手の上に描いたりコラージュしてはいけないこと（したがって、「もうおしまい！」といういちばん最後に切手を貼る）。
(3) 素材の厚みや重みに注意すること（80円以上の切手が必要になってしまうから）。
(4) ものすごく集中すると意外に疲れるので、時間の制限を設けること。

　どの注意点も実際に行うと納得するものばかりだった。

●送る相手が見つけられない！

　スタッフ間では、それいゆのメンバーに向けたワークショップを行うにあたって、どんな配慮が必要かを話し合った。ふだん絵画の時間などで、描くことやコラージュには慣れているメンバーが多い。しかし、最も基本的な課題にぶつかった。彼女たちのほとんどが「待つ、つながる、相互にかかわる」相手を見つけられないでいるという事実だ。もしいても、いきなりそうしたハガキを送られても相手が困惑することもある。

　話し合っていくうちに、まずはスタッフが手分けしてメンバーに往来葉書を出し、ワークショップ当日にその葉書を持参してもらい、スタッ

フに返信してもらうという形をとることにした。

メンバー対象のワークショップ（2009年8月実施）

●次第に没頭していく参加者

　絵画のプログラム参加者を中心に、往来葉書のワークショップ参加への呼びかけを行ったところ、12名の参加希望があった。彼女たちにはスタッフからあらかじめ葉書を送った。メンバーの間では、どのスタッフから葉書が送られてくるかでちょっとした話題となっていたようだ。そして当日、うれしそうな顔でそれぞれ葉書を持参していた。

　まず小林さんから往来葉書の趣旨と手順の説明があり、先述した魔法の袋に入ったありとあらゆる素材が3つの大きなテーブルいっぱいに並べられた。そして「どのような表し方でもかまわないので、自分が楽しむように」と促されると、参加者たちはしばらく葉書を眺めていたが、15分もすると次第に緊張も溶けてきたのか、素材を選んだり、絵の具やパステルなどで次々と表現に没頭していくのがうかがえた。あとの1時間は、メンバーの笑い声、真剣なまなざし、葉書の仕上がり具合を眺める姿などを見ながら、ときにはアイディアが浮かばないと嘆くメンバーの相談に乗ったりしてあっという間に過ぎた。後半の30分は最後の切手選びと、それぞれの感想を述べ合う時間とした。

　大量の切手を寄贈いただいたので、季節感や葉書の色合いと合わせるなどしながら、メンバーはすっかり往来葉書の世界にとけ込んでいた。そして出来上がった葉書はメンバーの手によって投函され、スタッフの元へと戻った。それが15頁の図1に示した絵である。

●双方の思いを交換できた！

　このワークショップでの体験は、法人が発行しているニュースレターで紹介した。この往来葉書をやりとりしたスタッフ（大嶋）とメンバー（好奇心っ娘）が、それぞれどんな気持ちだったかが記されているので、少し長くなるが引用しよう。

【往】大嶋

　好奇心っ娘さんは、この1年で大きな手術を2回も体験。痛みと闘いながら、それいゆのプログラムを通じて自分と向き合っています。しかし思うように身体が動かせず、ストレスが溜まっているようでした。そこで「気球に乗せてあげる」と絵で誘い、彼女に何か楽しいことを考えて返事を返してほしいと思いました。

【来】好奇心っ娘さん

　はじめ「往来葉書」って聞いたときは正直「それってなんじゃらほい?」って思いましたが、好奇心旺盛な私は、次には「おもしろそう!　やってみたい!」に変わりました。届いた葉書を見て相手のメッセージにとらわれ、[これに返事?　どう返そう?]って考えて……。当日小林先生の説明やいろいろな葉書を見て、「なるほど、自由に描いていいんだ!」って思ったらだんだんイメージが膨らみ、並べられた道具や絵の具を使い、時間を忘れて次から次へと楽しみながら葉書を描きました。時間が足りないってくらい、ハマりました!　届いた葉書の絵と全然違うものができました。相手はこれを見てどう思ってくれるかな?とワクワクしましたね。

　今度は自分が届けて、相手から葉書が返ってくる楽しみをぜひ味わいたいです。すごく貴重な経験をしたし、良いものにめぐりあいました。とても楽しかったです。

【戻ってきて】大嶋

　うわあ、にぎやか!　楽しそう!　画面が目に飛び込んできました。風景も何もかも、がらっと違って戻ってきたのです。私か送ったパンダ(のシール)も、画面の中にちゃんといました。彼女と一緒にバカンスを過ごすべく、連れて行ってくれたようです。好奇心っ娘さんの楽しい気持ちが伝わってきて、それが何よりよかったです。

　このワークショップでは、メンバーから
・スタッフとの合作になっていくのがワクワクして楽しかった
・時間を忘れるほど集中した

といった反応があったが、同時に、
- 自分が 呼びかけにどう反応したらいいのか、アイディアが浮かばずに焦った
- 相手が作ってくれた綺麗なものに手を加えるのに抵抗があった

などの感想も寄せられた。

たんに葉書を創作して終わりではなく、そのやりとりをどのように感じたのか言葉にすることで、スタッフとメンバー双方の思いを交換できたのが収穫である。スタッフにとっては、メンバー1人ひとりの表現が私たちに何を伝えようとしているのかをあらためて考える機会を与えられたように思う。

専門職向けワークショップ（2009年10月実施）

●「思いを形にする」ことの楽しさと難しさ

いよいよ最後は専門職向けのワークショップである。当日は社会福祉専攻の学生も含め30名が参加した。

5人が1つの工作用テーブルを囲み、小林さんからの説明のあとでさっそく創作にとりかかる。色とりどりの紙がテーブルに配られ、参加者は小林さん持参の"魔法の袋"から、思い思いに自分のイメージにあったものを引っ張りだす。そのたびに歓声があがる。

それいゆのスタッフは各グループに1人ずつアシスタントとしてつき、ポイントや注意事項などを伝えた。

当初、創作時間は60分と短めに設定したが、やはり時間が足りずに30分延長となった。どこで終わりにするか迷う人、アイディアがまとまるまでに時間がかかり創作が途中になる人などもいて、参加者は思いを形にすることの難しさを感じていたようだ。

最後は後片付けと全体フィードバックの時間とした。往来葉書のもつ楽しさや醍醐味について、あるいは各自の実践においてどのように使うことができるかについて話してもらった。

●どう感じようと、それは相手の自由

当日は会場にそれいゆメンバーとスタッフの間で交わされた葉書をパ

ネル展示したが、参加者は、目で見るよりも実際に自分が体験すると、よりおもしろさが体感できると話していた。また小林さんは、アイディアを初めから持っていなくとも、その人に問いかけると、アイディアが生まれやすくなるといったことを、いくつかの問いかけパターンを紹介しながら教えてくれた（例えば窓のフレームのみ書かれており、「窓の外には何か見えますか？」と問いかけるなど）。

　ある参加者は「相手のことを思う自分の気持ちをどう表現するのかぐるぐるしていたけれど、相手がどう感じるかも自由だと思ったら、楽になった」と話されていた。

　とにかく楽しいという声が多かった。ひとりの参加者として楽しむ時間が、次にそれぞれのクライエントとの時間のなかで生かされていくことを願って終了した。

コミュニケーションへの希望

●キーワードは"種"

　人は思いがけない反応をするし、期待通りでないこともある。小林さんは「人と人のコミュニケーションの新しいあり方を探り、わかっていることはとても少ないと気づいていけたらと思っている」[3]という。同時に、「それぞれの『心の庭』で育てた『言の葉』を交わしたい相手に郵送し、新しい笑顔の葉が水草のように増えてくれることを願う」[4]と、この取り組みを全国へ向けて広げようと活動している。

　往来葉書は、郵便アートというユニークな手法で人が人とつながり、相互にかかわることを促す。私自身は、何回もワークショップを繰り返すなかで、少しずつ往来葉書に込められた意義がわかったように思う。

　冒頭にも書いたが、施設に「それいゆ」という名前を付けたのは、利用者それぞれのなかにある"快復の種"がゆっくりと育つには欠かせない、日差しのようなものでありたいと願ったからだ。一方、往来葉書では"思いの種"が2人の間を行き交いながら花を咲かせ、実をなすプロセスを大切にする点で、どちらも"種"をキーワードにした場づくりであり、直接的な働きかけなのだという共通点をもつ。すれ違いや思いがけなさも含めて、人が人とコミュニケートすることへの希望を感じる。

最後になるが、それいゆではその後も定期的に創作の時間を使い、往来葉書に取り組んでいる。けれども、その大半がスタッフ宛に送られてくるというのが現実だ。今度は、それいゆの利用者から、交流のある施設のメンバーに向けてメッセージを届けてみたい。往来葉書の取り組みは、今後もさまざまな形を模索しつつ家族や友人、そして会ったことのない人同士をつなぐツールとして広がっていくだろう。
　私は、往来葉書に込められた意義が精神保健のユーザーや援助者にも知られるようになってほしい。そして実際にその楽しさに触れた人が1人でも増えていくことを、心から願っている。

1）2009年5月17日付け朝日新聞北海道版.
2）小林重予・岡田哲也『鬼のいる庭』海鳥社、p118, 2009年.
3）小林重予ワークショップ用資料より
4）小林・岡田前掲書, p119.

■コラム■
言語と創作のグループワーク　「言葉にならない」不自由さを解き放つ

　地域活動支援センターそれいゆでは、毎週火曜〜土曜の午前と午後に、それぞれ90分のグループワークを行っている。内容は言語系と創作系に分かれ、後者は外部講師が担当する（表参照）。往来葉書の取り組みは後者の一環として行われた。
　それいゆの利用者の多くは反復性の暴力のなかを生き延びてきた。暴力は家庭や学校、会社などにおける「関係」のなかで体験されている。彼女たちは自分に起こった現実をそのままに受け止めることを回避すべく、さまざまな方法を使う。くすりやアルコールの過剰摂取はもとより、自傷行為やうつ状態、引きこもりなど、その形は年々多様化の様相を見せる。
　しかし私たちの面前にいる彼女たちは表面的に落ち着いて見え、会話もスムーズで適応的なため、それいゆにたどり着くころには逆に事態が膠着していることも少なくない。そして、逆説的だが、症状が緩和することで逆に生きにくさが生々しく迫ってしまい、そのために生活がままならないという現象も起こる。
　彼女たち利用者にとって、自分の存在が他者に受け入れられているかどうか

は重要である。些細な出来事や雰囲気、誰かのふっとした言葉などで自分が他者を不快にしてはいないかにとらわれていくのは日常的な光景だ。そのためグループワークを通じ、彼女たちを苦しめてきたこうした考え方や行動パターンに気づき、修正していく。

　人のなかで起こる深い傷つきは、本来その人がもっていたはずの強さを打ち砕くことがある。自分への極端な過小評価や他者への猜疑心、あるいは不信感などがどのような背景をもつのかを言語のグループワークのなかで取り上げるが、「言葉にする」ことは彼女たちにとって最も困難な作業だ。そのため、それを補完するために始めたのが創作系グループワークである。

　そこでは、彼女たちのなかにあるさまざまな思い、感じなど、まだ言葉にさえならないようなものを色や形で表現するよう促す。塗り絵や織り、陶芸などのグループワークは、何かが生み出される時間でもある。美しく織り上がっていくストールはたしかに手がけた人の表現だし、中途半端に終わってしまった風景画の塗り絵は、集中困難なイライラをこちらに伝えることがある。

　このように言語と創作というふたつの異なる自己表現を通じて、ようやく利用者は、自分をそのままに感じたり見つけ出したりしながら、その先につながる社会のなかに新たな場所を探そうとするのである。言い換えれば、色や形で自分を表現し自分を発見することで、被害体験という「言葉にならない」不自由さから解き放たれる可能性に着目し、それを実践してきたといってよい。

「地域活動支援センターそれいゆ」2009年プログラム

	火曜日	水曜日	木曜日	金曜日	土曜日
午前 (10:30－12:00)	当事者研究 ＆SST	スポーツ4週 実践料理	就労支援	ボディーワーク	当事者研究 ＆SST
午後 (13:30－15:00)	アディクション ミーティング	創作 (絵画)	創作 (織物)	レジリエンス ミーティング	創作 (陶芸)

初出:『精神看護』13（4）2010

第3章
支援の正念場

[No.24 ステップハウスそれいゆがオープンします]

2008年2月発行

　今年の冬は雪が少ないと思っていたら、1月中旬より続いた大雪ですっかり見慣れた雪景色の札幌です。この冬はとにかく寒いです。日中でもマイナスの気温が続き、加えて灯油の値上がりもあったため、センターもグループホームも経費の捻出に頭の痛い毎日です。みなさんの暮らしている地域ではいかがですか？

　さて、年賀状で賛助会員のみなさんにお伝えしておりましたが、いよいよ新しいグループホームを3月よりスタートさせることになりましたのでお知らせいたします。菊水のハウスと異なるのは、共同生活型ではなく、それぞれが独立したアパート居室にて生活をしながらサービスを受けるという点です。詳しくは次ページに現時点での入居条件等をまとめてみましたのでご覧下さい。

　共同生活型のグループホームは、スタッフの当直や生活上の細かな

一番遠いところにある身体への気づき

米国公認ハンナ・ソマティクス・エデュケーター／臨床心理士　平澤　昌子

　それいゆで"ソマティクス"を教え始めて10年が経ち、私が教える"ソマティクス"も、それいゆを利用する女性たちと共に変容してきました。今も試行錯誤ではありますが、私のなかで、だんだん明確になってきたものがあります。それは彼女たちに"ソマティクス"を教える目的です。その目的のひとつは、彼女たちに身体の存在に気づいてもらうということです。

　"ソマティクス"はヨガのようにゆっくりと身体を動かす体操のようなものです。その体操のような動きのなかで繰り返すのは、筋肉の収縮と弛緩です。筋肉を意識的に収縮させて、それからゆっくりと自然とゆるまるところまで緩めるということを繰り返しています。この収縮とゆっくりとした弛緩は、筋肉の緊張を無理なくほぐしてくれます。

支援がある反面、入居者間の関係の作り方や維持に大きなエネルギーが必要です。それは、人との関係に傷つきを体験して来た入居者の多くにとっては大きなストレッサーとなってきました。しかしながら「同じ釜の飯を食う」というたとえがあるように、時間をかけてお互いの違いを認め合い、ちょうど良い距離を生活の所作を通じて獲得していくという大きな利点があります。

　一方"ステップハウスそれいゆ"は、共同生活は難しいけれど生活をしていくうえで困難を抱えている人たちが、最終的には一人で、あるいは誰かと暮せるようになっていくまでの道のりをサポートしていく場所です。ひとりひとり、暮らしていくうえで抱える困難は多様です。スタッフはそうした個別の困難を、利用者が実際の生活を通じて解決していけるように援助します。精神的な障がいを持つ人にとっての"一人暮らし"には、いつも漠然とした不安ばかりがつきまとい、実現する手前で挫折するという話をよく耳にします。"ステップハウスそれいゆ"は、そんな人たちに暮らしの練習を重ねてもらう機会を提供したいと考えて

　実は、このゆっくりと緩める時の「ゆっくり」によって、自分の身体を意識することを練習しています。自分の身体をゆっくり動かすには、「ゆっくり動かそう」という自分の意志が必要になります。人は身体の一部をゆっくり動かそうとする時、意識的にならずにはいられないのです。自分の身体の動きに意識的になることで、それまでぼんやりとしか感じていなかった自分の身体の存在感が増していくのです。

　本来、身体は自分にとって一番身近にあるはずのもの。でも、それいゆの女性たちにとっては、この一番身近にあるはずの身体が一番遠いところにあります。だからこそ、自分の身体の存在に気づくことはとても大切です。"ソマティクス"はゆっくりと身体を動かすことで、自分の身体を意識できるようになります。この身体の気づきを生涯の財産にしてもらえるように、これからも"ソマティクス"を教えていきたいと思っています。

います。

　これから準備は大詰めを迎えます。財政的な応援、物質的な援助、人的な手助けなど、どれも不足していますので、どうかご協力いただきますようお願いいたします。

[No.25　言葉と出会う、言葉を探す] ──── 2008年4月発行

　「地域活動支援センターそれいゆ」では3月恒例の個別面接が終わりました。各自がこの1年に起こった自分の変化を確認し、4月からの新年度の通所目的や利用プログラムについてスタッフと話し合います。通所を終了する人、別の事業所へと移る人などもいて、この時期は利用メンバーが大きく入れ替わる時期です。2007年度の利用登録者は27名、一日平均利用者数は12名でした。

　4月に入り新しい週間プログラムがスタートしました。詳細は次ページを参照してください。"当事者研究"はメンバーの困りごとについてみんなで研究し、具体的な対処方法を"SST"で練習するというスタイルで、従来別々のプログラムであったものを組み合わせました。また参加人数が多いためグループを2つに分け、それぞれ研究の初心者、ベテラングループとしましたが、グループの混迷、迷走ぶりにも特徴があっておもしろい展開となっています。

　札幌は4月に入ると暖かい日が続いていて、このニュースレターがみなさんの手元に届く頃には桜も満開となっているはずです。今年度もプログラムを通じ、あるいは法人が主催する事業などを通じて、メンバーは自分と向き合っていくことになります。うまく表現できないけれど生きていくことが苦しい、社会の中に自分の場所を見つけられないなど、利用者はうつや薬物の乱用といった多彩な"症状"でこれまで生き延びてきた、そのやり方を手放すかどうかで苦しい時間を"それいゆ"で過ごします。

　見学された方から「どれくらいの時間をここで過ごせば、また社会へ

と戻っていけるか？」と聞かれますが、答えるのは難しい。時間の長さではなく、"どのような時間をここで過ごしたか"、にかかっていると思うのです。センターとふたつのグループホームでは、たくさんの異質なものとの出会いがあり、鏡のなかの自分のような他者を見つけてはうんざりすることもしばしばです。その時その時の自分を現す言葉や相手と触れ合うための言葉、繋がりを深めていくために吐き出す言葉など、結局のところ"それいゆ"では言葉と出会い、言葉を探しながら、自分の軸になるような何かを自分のなかに形づくっていく作業をしているのかもしれません。

彼女達の１年を見つめながら、私自身もまた率直な言葉と出会い、彼女達に届く率直な言葉を探していこうと思います。

＊2008年　地域活動支援センターそれいゆの週間プログラム

	火曜日	水曜日	木曜日	金曜日	土曜日
午前 (10:30−12:00)	スポーツ	創作 (絵画)	レジリエンス ミーティング	アディクション ミーティング	当事者研究B
午後 (13:30−15:00)	当事者研究A	ボディー ワーク	創作 (織物)	就労支援 プログラム	創作 (陶芸)

[No.27　FAITH] ──────── 2009年３月発行

前回のニュースレターを発行したのが昨年の７月下旬。年末恒例のクリスマスカード、あるいはカレンダーといった、賛助会員の方々への感謝もなし。どうしたのかな？と思われている方が多いのではないかとヒヤヒヤしながら、ようやくNo.27をお届けすることが出来ました。年４回の発行をお約束しているのに申し訳ありません。

この間、どんなふうに過ごしていただろう。自分でも沢山のことがありすぎて、それなのに（だからこそ）時間が飛ぶように過ぎて、不思議な感じがしています。

2008年３月に開設した「ステップハウスそれいゆ」は、５月に定

員を5名に増員しました。この1年で7名が入居し、3名が退去するというめまぐるしさでした。4月から新たに「ステップハウス」のスタッフとして加わった萩原さんは、毎日の食事作りや休日のSOS対応など、慣れないながらも一生懸命に取り組んでくれています。法人と

嵐のあとを生きる人たちの一人として　　　　　　　　　　優歩

　私は劣等感がひどく強かった。家を出る、それいゆに行く。これは私が自分でくだした初めての決断だった。それいゆで過ごした6ヶ月間の記憶はほとんどない。それいゆの仲間は、明るい人、激しい人、穏やかな人・・色んな人がいたと思う。その仲間との記憶も私にはない。当時を振り返ると、それいゆがある街の風景は薄暗くて、すごく田舎だった。地下鉄から降りた駅の繁華街は、眩しいくらいに明るくてうるさい、人がたくさん居てそれが怖かった。

　それいゆを出て、ひどかった劣等感を埋めるため努力をした。初めは決められた場所に決められた時間、そこで過ごすことから。次には自分がやってみたいと思った事に行動を移すこと。しんどいなと挫けそうな時には、その先に何があるのか？を想像したりして。自分自身に自信を持つことを優先させた。それはある人から、成功体験を積みなさいという教えから。そうやって積み重ねてきた今は、生きにくさを感じるほどの劣等感は薄れた。

　私は感情を表現するのが苦手。本当は怖いのにそれが怒りとして爆発したり、嬉しいのに余計な裏をかいてしまったりと。反射的で無意識な反応だから自分でもよくわからない事が多かった。

　それいゆに来てすぐの頃、寮の職員に包丁を向けて、怒り叫んだことがあった。きっかけはもう覚えていない。日常生活のほんの些細なことだったと思う。そんな些細なことでなぜ、刃物を持ち出してしまったか、自分でもわからない。とにかく自分を守るために必死で、そういうやり方しか知らなかった。今では感情をストレートに受け入れられるようになってきたと思う。それでもリアルタイムではない、本当の感情はいつも後から気づく。なんとなくモヤモヤが続いて、モヤモヤを辿っていくと、あぁ傷ついたんだな、とかショックだったんだねって具合に。リアルタイムではない分、表現する機会は少ない。それでもできる限りは、一連を人に話すことで消化したりするようにしている。

しては、グループホームが２カ所になったことで、それぞれのハウスの特徴を生かしながら、入居者の生活を丸ごと支えるからこそ出来る援助というものを実践しています。法人全体のこの１年間の動向や決算については、４月上旬発行予定のNo.28にて詳しくご報告いたします。

　巻頭言を書くにあたり、実はつい最近まで支援していた人との関わりを振り返るなかで、「FAITH」—「〜に対する信頼、信用」あるいは「信仰」という意味—という言葉が浮かびました。「それいゆ」はこの７年、さまざまな被害体験を有する人たちと付き合ってきましたが、その中でも彼女との関係は、非常に緊張と怒りに満ちたものでした。重篤な被害を生き延びてきた彼女は、しばしば無意識にスタッフを攻撃しました。私のなかにはそのような人であっても、時間をともに過ごし、一緒に暮らしの雑事をこなすなかで、関係が柔らかいものへと変わっていくはずという思いがありました。実際のところ、過去にもそうして乗り切ってきたと感じていましたが、それが奢りであったと思い知らされました。

　彼女の「言葉にならない痛み」は、いろいろな問題行動となって現れ、スタッフは夜中であってもグループホームへ駆けつける毎日が続きました。まるで、バレーボールのレシーブ練習のように、これでもかと難しい場所へとボールが投げられます。それを拾う毎日。いつもなら、もっと時間をかけて考えて判断することが許されない、待ったなしのトラブル続出でした。こうしたなかで、私の中には彼女に対するとげとげしい気持ちが生まれました。おそらく彼女の短い人生にあって、いくつものこうした行き詰まりが、彼女の周囲を、そして彼女自身を傷つけてきたのだろうと思いました。頭では分かっているのに、気持ちがついていかなくなりました。

　そんな矢先、彼女は警察に保護される出来事を起こしたことで、「それいゆ」との援助関係を終了しました。けれど、私はこれでお付き合いが終わったと思ってはいません。勾留中に接した警察官、鑑定医、そして入院先の精神科病院など、関わる人たちに対して、彼女が誠実な関

わりを結んでいる。わたしを含めスタッフみんなで、彼女と過ごした半年を振り返り、自分たちの気持ちや振る舞いを丁寧に辿ってみなければなりません。失敗だらけですが、彼女が教えてくれたことを、次にどう生かすのか。そしていつかまた彼女と出会うまで、芽生えつつあった「FAITH」がさらに大きく育つような肥沃な土壌を、自分たちの内側に育てていきたいと思うこの頃です。

[No.33 Journey] ───────────2010年12月発行

街のいたるところにクリスマスのイルミネーションが煌めき、今年があと少しで終わると告げています。札幌はこのニュースレターをお届けするころには、すっかり雪が積もっていつものホワイトクリスマスになっているはずです。みなさんが暮らす街の風景には、何が映っていますか。

　早いもので、もうこの一年を振り返る時期がきました。今号はメンバー、そしてスタッフにお願いし、原稿を書いてもらいました。仕事に

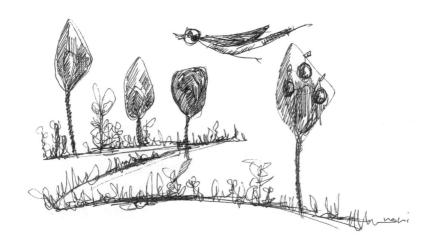

就いた、あるいは職業訓練の途中でそれどころではない！といったメンバーもいるので全員ではありませんが、それぞれが精一杯に今の自分を言葉にしてくれましたので、お読みいただければ幸いです。
　私もニュースレターを作りながら自分の一年を振り返ってみました。一番大きな出来事は、9月に上岡はるえさん（ダルク女性ハウス代表）と一緒に医学書院から『その後の不自由』を刊行したことです。この本の企画は、編集者の白石さん、はるえさんと5年ほど前から暖めていたものです。ダルク女性ハウスは開設して来年でちょうど20年という節目の年になります。「それいゆ」はその半分の10年がたちます。これまでふたりやスタッフ達がぶつかってきたさまざまな苦労、でも見つけ出した希望、それらを知らせるために本を作ることにしたのです。多くのサバイバーと呼ばれる人たちは、度重なる被害体験を生き延びていくだけでなく、渦中から離れて時間の過ぎた今も、不自由を生き続ける現実を描きたかったんですが、さて読んでいただいた方々はどのようにお感じになったでしょうか（まわりからは意外とフィードバックがもらえません。HPからメールが送れるのでこっそり送って下さい♡）。その他にも恒例の「それいゆまつり」やリカバリーハウスの改築工事、新しいスタッフの採用、9月の人事異動などなどいろんなことがありました。
　ところで今号は、初めてカラー印刷でお届けします。というのも「それいゆ」の1年を振り返る時に、私たちが大事にしている"色や形で表現する"ことの軌跡がいつものリソグラフでは伝えきれない気がするからです。カレンダーに代えて、「それいゆ」でみんなが手がけた作品を紹介させていただきます。
　2010年は、彼女達が歩いて来た道のりの通過点。これからも長い旅（Journey）が続きます。一人で歩く時もありますが、でもひとりぼっちじゃない。今年も彼女達を応援してくれた多くの人たち、そして「それいゆ」との出会いに彼女達を導いてくださった多くの人たちに、心より感謝です！

[No.37　社会的排除とリスク]　2011年11月発行

　夏の暑さ真っ盛りの時期だったでしょうか。ダルク女性ハウスの上岡さんから突然電話で，「内閣府が社会的排除に関するリスクの調査研究をするって。そのなかに若年層のアルコール・薬物問題を入れるっていうので手伝って」と言われました。年越し派遣村の活動で知られる湯浅誠さんを室長に，内閣府に設置された社会的包摂推進室が，国内の実践家や研究者を集めて行う詳細な事例調査だというのです。

　私は博士論文の提出を控えていることもあって断ったのですが，社会的排除のリスクにアルコール・薬物問題が入っていることは画期的だし，調査自体はぜひ引き受けるべきだと伝えました。けれどめぐりめぐって再度の依頼。迷った末に引き受けました。理由はやはり本人たちと日常的につき合っている人でなければ分からないことがあるという思いです。なぜ若くしてアルコール・薬物へとのめり込むのか。それはどのような困難の掛け合わせのなかで生まれるのか。今までこうした調査研究の変数としてあげられてきたものでは，起こっている目の前の現象が読み解けないと思ったからです。だったら，上岡さんや私たちがこれまでつき合って来た多くの人達から典型例を選び，その分析をおこなうことで，これまでとは違った視点を導き出すことができないだろうかと考えました。

　ちょうど先日，東京でお二人の男性当事者の聞き取りを行いました。みのわマック，そして日本ダルクにお邪魔して，それぞれお一人ずつに話しを聞きました。上岡さんも私も現在は女性嗜癖者の援助が中心ですから，男性事例に関してはマックやダルクのみなさんに，2人をご紹介いただいたのです。

　いつものように，まずジェノグラムと呼ばれる家系図をご本人と一緒に書いていきます。そして育ちのなかで何が起こっていたのか，家族のなかで本人がどのような思いを抱いていたかを聴き取ります。初めて会った私たちですが，ご本人は上岡さんが当事者であることや私が施設

を運営していることに親近感をもってくれました。そして何よりその方達自身が回復のプロセスの途上で、しっかり自分を捉える力をつけていることなどから、インタビューは驚くほど率直でかつ内容の濃い

それいゆとわたし

相談室それいゆ　梶間　弓

　立ち上げ準備会から参加し、「それいゆ」と関わって17年が経ちました。今日までたくさんの時間を「それいゆ」とともに過ごしてきたんだなぁと、今、この原稿を書きながら改めて実感しています。

　17年間という時間の流れの中で、「それいゆ」と私の関係は大きく2つに分かれます。まずは準備会メンバー・理事として関わっていた時期。そして2010年には職員及び理事という立場に変化し、現在に至ります。外から応援していた前半、中に入って「それいゆ」という場を作る一員となったその後。私の中で何が変わり、何が変わらなかったのか。

　医療から地域福祉と働く現場を変えたことは、大学・大学院と福祉を学んだ私にとってラッキーなことでした。

　大学の講義で初めて「地域」という言葉を聞いた時の違和感。地域って何？自分が住んでいるのは「地域」？　そんなことを考えたこともなかったし、考えてもどうしてもフィットしない言葉でした。

　「それいゆ」で働くようになってようやく理解できた「地域」という言葉は、メンバーが生きている世界を表していました。そうか、地域って生きていく場所を拡げようとした時に生まれる言葉なんだ。だったら、楽しいといいね。豊かな場所だといいね。そして、「それいゆ」もそんな場所を提供できたら、もっといいね。今は、そんなふうに思っています。

　暮らしという地域生活。「それいゆ」という場所が、生活や就労などいろいろな側面から、スタッフがきっちりソーシャルワークを実践することでメンバーたちの未来が拡がっていけるような場でありたいし、そうあってほしいと心から願っています。

　職員として中に入ったからこそ学べたことは、山ほどあります。でも、声を大にして言いたいことは、私にとっての学びの場が「それいゆ」で良かったということ。「それいゆ」だからこそ学べたことは、それほど大きなものでした。

ものとなりました。

　女性と男性とでは異なる部分はありますが、それにしても本当に抱える困難といってもさまざまです。しかも外側からは、それが困難とは捉えにくいものも多い。何不自由なく見える生活に一歩踏み込んで見えるのは、寂寥とした風景と、家族が地域の中でどこにもつながることなく家族だけで孤立する姿です。来年2月末までには各班で行われた調査分析の報告と検討が行われ、報告書にまとめる予定です。

　まだ途中の段階ですが、今回の調査で改めて感じたのは、調査対象となった人たちはいずれもアルコールやクスリが止まって1～8年くらいの人ですが、リスク要因を現在の時点で抽出すると、実はそれほど要因が減っている訳ではないという事実です。教育から、そして就労をはじめとする社会的経験からも排除され、なかなかメインストリームへ戻っていく（いける）回路がありません。ダルクやマック、あるいはそれいゆといった場所で援助を受けられる人はほんの一握りですが、嗜癖が止まっても社会のなかですぐに生きられる訳ではない。それいゆが行っているような生活における雑事のこなし方や人との付き合い、仕事で必要とされる最低限のマナーを伝えるプログラムが、どの機関でも受けられるにはまだ時間がかかります。

　今年は日本が東北での震災そして原発事故と、かつてない危機に見舞われた年ですが、社会的排除へと結びつくリスク調査は、長期間にわたる支援の方向を見定めることになるので頑張りたいと思います。ところで今年もあと少しで終わりますが，この一年「それいゆ」を応援してくださった皆さんに御礼を申し上げます。このところ1年の見通しさえ難しい状況が続きますが、地に足のついた活動を続けると同時に、同じ志を持つ人と繋がる必要を以前に増して強く感じます。動き出す時期に来ている。その一歩をどこへ向けるのか、決断する時のようです。

[No.42 新しい出発] ─────── 2013年8月発行

　みなさま、前回のニュースレターをお送りしてからずいぶん時間が経ってしまいました。季節は夏となり、全国的に高温多湿で不順なお天気が続いていますが、お元気でしょうか？

　予定では、4月に開設の就労継続支援B型事業所「それいゆ工房」のご報告…のはずだったのですが、思わぬ展開で法人事務所＆地活が移転したご報告をまずしなくてはいけません。すでにHPやブログでは書いてきましたが、ことの発端は2月下旬に「それいゆ工房」の新規申請を札幌市に提出する準備の段階で、建物確認課より「この建物（これまで事業を行ってきた北1東7のビル）では認可出来ません」と突っ返されたことに始まります。書類の準備をしてきたスタッフからの連絡に驚いてあちこちに確認したところ、建物に問題があり、札幌市からは新規事業だけでなく地活としても使用することが認められないので、出来る限り早急に移転するように求められました。まさに青天の霹靂とはこのことです。

　新規事業のことは「時期ではなかった」と思うことにしても、地活をどうするか、Caféをまた一から別の場所で再開することが出来るのかなど、頭の切り替えが大変でした。思いつく限りの方々に事情を話し、物件に関する情報をお願いしていたところ、Caféの工事を担当した（株）リフォー夢工房さんから「会社1Fのショールームがほとんど使われていないの

で、ここを Café にしませんか」という申し出をいただきました。伺ってみると素敵な空間で Café にぴったりなのですが、個別面接や休憩スペースを考えると狭いため、別にビルを借りることになりました。5月に入り、ショールームの近くにようやくビルが見つかったのですが、

大変だけど憎めない人たちと社会の狭間で

ダルク女性ハウス　上岡　陽江

　"それいゆ"のみなさん、15周年おめでとう‼
　日本で一番大変な人たちと付き合うなんて、私、信じられないです。19歳から24歳くらいまでの仲間たちを見てくれているよね。リストカット、薬物、自殺未遂、摂食障害、ギャンブル、自己破産などが現れている彼女たちだけど、虐待などを生き抜いてきた大変な時期と思うと憎めないなあと思います。でも、全てが次から次へと現れて、チカラがある人ほどおもいっきり暴れるし、気をつけて見ていても不本意に事故で亡くなってしまうし、ゆっくり引きこもって鬱にはなってくれないから、ハラハラ、ハラハラ。私は13年で燃え尽きました。
　大嶋栄子さんは、そこを乗り越えて15年の大台に乗ろうとしています。そして、これからは障害をもち犯罪を犯した人たちの地域支援もしようとしています。私が付き合ってきた方の中にもそのような方がいて、支援から落ちやすいことが多いように感じていました。彼女たちは社会の仕組みを理解しにくく、いつも自分が損をしていると感じ、怒りのコントロールが難しい方が多かったように思います。看護師の佐藤さんがいつも注意深く付き合ってくれていても、お金の使い込みや、貸し借りでのいざこざや、危険な男の人との交際（それも傷害事件系加害者！）によるトラブルがよく起こっている印象です。彼女たちも混乱の中にいると思いますが、これはスタッフの燃え尽きにもつながります。現場のスタッフが継続して働けることが、利用者にとっての安全にもつながると思うので、他施設や外部の専門家と連携することが大切だと感じてきました。それによって"それいゆ"や"ダルク女性ハウス"が抱えてきた、大変だけど憎めない人たちが抱える社会問題を、周りの方々にも知ってもらう機会になると感じてきました。
　これからも、大変な人たちを社会の中で抱えてくれる施設や関係機関が、一つでも増えることを願っています。

防火壁等の設備を福祉施設基準で整える必要があるということが分かりました。

　今までの倍以上の家賃、移転にともなって必要な工事費、さらに移転費用などを考えると財政的にはぎりぎりでした。もし、新規事業の運転資金にとみなさんからの賛助会費や寄付を３年にわたって積み立てておいたお金がなければ、今回の決断は出来なかったと思います。そしてこのたびご縁があってお借りするビルのオーナーさんが、防火壁工事の半分を負担してくださるという幸運にも恵まれました。本当にたくさんの方々が協力してくださったおかげでこの局面を乗り切れたと思うと、"感謝"という言葉しかありません。

　Caféは９月中旬に改築工事を始め、10/１の新装開店を目指します。そして「それいゆ工房」は来年春の開設に向けて準備をしているところです。思いもかけなかった東区への移転。けれど広々とした心地よい空間で、メンバーと一緒に新しい出発（スタート）を切りました。この先もきっと試練が与えられるのだろうと思いますが、何とか切り抜けていけるはずだと、奇妙な自信が生まれました。メンバーも変化に戸惑いつつも頑張って通っていますし、これを機に建物内は完全禁煙を敢行！でも不思議とすんなりこれを受け容れたメンバー達です。

　新しい出発は、多くのものを私たちに与えてくれているようです。

[No.43　ついにカフェを再開！] ──────── 2013年10月発行

　いよいよCafé Soleil（カフェそれいゆ）の開店が10/28（月）ということで近づいてきました。今回のニュースレターでは、新しいカフェで働く８人のメンバー達からそれぞれ「抱負」を書いてもらいました。けれど、抱負とはいっても、むしろ文章からは不安や緊張した面持ちの彼女達が伝わってきます。私達がカフェを創ろうと思ったのは、彼女達が働く体験をする場所が欲しかったから。頭のなかで「大変だ！　どうしよう！」とグルグル堂々巡りに考えるのではなく、体験することで"自

分を発見"してみてもらいたかったのです。カフェの再開にあたっては、その同じ目的を掲げながら、同時に地域のみなさんにとって「くつろげる、居心地のよい空間」にしたい。ささやかですが精一杯みなさんをおもてなしできるよう、みんなで準備に頑張っています。どうぞお立ち寄り下さい。

＊カフェで働く私たちの抱負

◆私は前のセンターで、2月の終わりから欠員補助としてカフェに入るようになりました。最初は化粧の問題や人と関わる事が久々だったため、ものすごく不安と緊張でいっぱいでした。失敗をして注意されたり、体調の悪さが化粧に出てしまったりしながらも、自分なりに精一杯頑張りました。その中で、カフェで働く事が自分の目標（一般企業でバイトする）に繋がると思い、補助要員でしたが、カフェの仕事に真面目に取り組みたいと思うようになりました。まだまだ体力や持久力、精神面にも沢山の不安要素がありますが、与えられた仕事を責任持って果たす事、きちんと続ける事が今の目標です。」　　　（さおり）

◆体調と精神面の不調が続き、独りで苦しんでいました。なんとか遠くの病院から元町のクリニックへ転院し、自分でHPを見て「それいゆ」を知りました。焦りと緊張でいたたまれない毎日が、まず「それいゆ」に通う。通ってもいい場所ができたと、それだけで救われました。カフェについては、まだ何も始まっていません。バイトを含めてもう10年以上働いていません。

　大嶋さんから「何ができて何ができないのかを確かめるのが目的」と言われて、何も言ってないのに言いたい事が伝わっていてびっくりしました。悩んで迷うのはもう充分やりました。今は何も考えず、とにかく何でもやってみようと思います。　　　（day by day）

◆今までのカフェと雰囲気が違うので、緊張や不安がありますが、無理

せず少しずつ慣れていければいいなと思います。今回、自分の抱えている課題がわかったので、それを頭に入れながら行動していくことを頑張りたいと思います。　　　　　　　　　　　　　　（SOO）

◆新しいカフェがオープンするので、とても緊張しています。また失敗したらどうしよう…。でもお客さんの喜ぶ顔を想像すると、とても楽しみです。

　私は１日２時間しか眠れなくて、体力と集中力がないので、シフ

ソレイユが持つ道具

特定医療法人北仁会旭山病院理事長　山家　研司

「道具として金槌しか持っていないとすべての問題が釘に見えてくる。」マズロー

　40年前、田舎でアル中さんに付き合う精神科医が持ってる道具は、鍵と鉄格子の部屋だけだった。そんな田舎医者から見ると、起こっている問題の原因は、閉じ込めておかなければ酒をやめられない、当事者の意志の弱さとだった。
　道具として肝臓の薬しか持っていない内科医から見ると、解決しなければならない問題は、壊れた肝臓で、愛情深い母親ほど自分の愛が足りなかったと悔やんでいた。
　札幌に出てきて自助グループのメンバーに会ってみたら、彼らは「問題は酒を必要とする生き方なんだ」と言っていた。回復のための道具として、自分の体験を使える人の見方だった。持っている道具が何なのかで、解決すべき問題が違って見えている。多問題を抱えたアル中さんを相手にしていると、道具をいっぱい持っていないと問題を見落としたり見誤ったりする。たくさんの道具を自分で身に着けるのはとっても無理だけど、自分の持っていない道具を持ってる仲間がいると、仲間を通して問題のありかを見ることができる。
　ところで、持ってる道具が酒だけのアル中さんが見ると、自分に起こっている問題はどんなふうに見えているのだろうか。それを知らないままで行おうとする援助はきっと、余計なお節介と嫌がられるだけなんだろうな。

トにちゃんと出られるよう体調管理を頑張ります。お客さんがカフェに来てくれて、寛いで、ほっこりしてくれるといいな…。私でも人の役に立てたら嬉しいです。コーヒーは専門店で実習を受けさせていただいたので、こだわりのおいしいコーヒーをお客さんに飲んでもらいたいです。不器用でもシラフで、一生懸命がんばります!!

(ひろみ)

◆今回初めてカフェに参加させていただくのですが、不安な気持ちと楽しみな気持ちが半々です。体力面を鍛えることと、独自のやり方ではなく、接客や調理の仕方を正しく身につけられるようになることが目標です。お客様にくつろいでいただける空間になるように、微力ながら頑張っていきたいと思います。 (R.I)

◆新しい建物の雰囲気に慣れるまで緊張が続き、忙しい時に周囲の声や自分の視野がせまくなるようで不安でいっぱいです。でも近い将来仕事につくためには乗り越えなければならないので、ひとつひとつ丁寧にこなすことを目標にしたいです。

　オープン前の日程表を見ると頭がいっぱいで疲れてしまうので、通常オープンの日を気持ち良くむかえられるように体調を整えたいと思います。大変かもしれませんが、楽しんで仕事をしたいと思います。

◆新しい場所に地域活動支援センターが引っ越してから、体調が思わしくなく、やる気が出ないという状態が続いています。そんな中でカフェが始まります。「毎週ちゃんと朝遅刻しないで、休まないでカフェに出る」という一番基本的な、一番大切なことが守れるかどうかが、私の一番の課題です。もちろんそれだけではなく、自分の障害の特性による課題もあります。

　でも新しいことが始まるということが私は大好きなので(すぐ飽きてしまうのが問題ですが)、ワクワクしています。一つの事を継続

それいゆで働くということ

トラヴァイユそれいゆ　檜垣　知里

　それいゆで働くようになって8年。大学で福祉を勉強して、ソーシャルワーカーという仕事を始めて12年。卒業後、相談支援事業所に勤めていた私は、何が自分を駆り立てるのか、アツク燃え夢中で仕事をしていました。当時、周囲の人からの「細く、長くね」とか「大丈夫？」とか、暖かくもどこかハラハラとしたまなざしを感じることがありました。学生時代にそれいゆで仕事をしながら大学の講義やゼミの講師として出会った小松さんこと"こまっちゃん"もその一人です。「元気？　大丈夫？」と会う度にハグをしてくれました。当時、私ってそんなに危うくみえるの？と心配を素直に受け取れず、そもそも何が大変なのか、ピンときていないところがありました。

　「檜垣さんはこういう場所や人につながっているといいよ」それいゆで行われていたASW（日本アルコール関連問題ソーシャルワーカー）協会の例会に誘われ、カフェそれいゆの手作りのご飯を囲む勉強会に参加するようになりました。飛び交う言葉や話題の難解さに戸惑いながらも、例会に通っているうちに外側からみえるそれいゆに憧れるようになり、女性の援助や依存症の領域からみえるものの見え方や、そこにいる人の姿に惹きこまれていきました。そんな矢先、大嶋さんから「それいゆで働いてみない？」と声をかけられたのです。

　それいゆで働くという現実は、わからなくてできないことだらけなのに専門職でありスタッフであろうとする自分と格闘し、ただただ体当たりでメンバーとかかわるしかない怒涛の毎日。憧れだったそれいゆは、憧れなんて生易しいものではなくなりました。目の前で何が起こっているのかわからない不安。携帯に気をとられる緊張の連続。トンデモない出来事に驚愕し、でもやるしかない！そんな日々に居続けてみて、私なりにわかってきたことは、人生や暮らしというのはつくづく何が起こるかわからなくて、ラクではないこと。燃え尽きるかもしれない脆い私だったこと。困難を生きのびてきたみんなと付き合っていくために必要なのは、力よりもタフさで、それがそっくりそのまま、私が私の人生をタフに生きていけるようになった変化だったこと、でした。

　こまっちゃん、私をそれいゆに連れてきてくれたことに感謝です。色々なそれいゆの人たちに出会い、みんなとラクじゃない人生をタフに生きのびていくことを、大変なりにも楽しめるようになってきました。今はそこそこ燃え尽きない温度で、ここに居られているような気がします。

することが苦手な私ですが、それを一番の目標に頑張りたいと思います。
　　　　　　　　　　　　　　　　　　　　　　　　　　（あっこ）

◆前回カフェのシフトに入った時は、3ヶ月程でリタイアしてしまいました。なので、今回のカフェは再チャレンジになります。今回は自分なりにカフェに入る意義を考えたり、気持も身体も動けるようになってきたという変化があってチャレンジします。けれど対人緊張が強い、調理技術は無いに等しい、カフェでの疲れが生活の他にも影響しないか等々、不安も沢山ありますが、新しい環境でスタートを切る楽しみも感じています。みんなで素敵なカフェにしていきたいと思っていますので、どうぞお越し下さい。
　　　　　　　　　　　　　　　　　　　　　　　　　　（しろ）

[No.45　トラヴァイユそれいゆがスタートしました] – 2014年8月発行

　前回のニュースレターから、あっと言う間に5ヶ月経ちました。札幌は例年になく湿度が高く、いつもより暑さを感じる夏です。みなさまいかがお過ごしでしょうか。

　さて、まず初めにご報告するのは、4月1日より地域活動支援センターは就労継続支援B型事業所「トラヴァイユ・それいゆ」として新しいスタートを切ったことです。"トラヴァイユ"とはフランス語で働くとか、仕事という意味の言葉です。これまで通り、自分の抱える困難に気づき目を向けていくことを、実際に作業を通じておこなうのが目的です。

　「就労継続B型事業所」とは、病気や障がいのために一般就労は難しいが、必要な援助を受けながら、雇用契約を結ばずに働く場所として規定されています。これまでそれいゆは、どちらかといえば病気や障がいをオープンにはせず、一般就労へと移行する利用者が多かったです（病気は重いが、動ける気力と体力はありました）。しかしここ数年それいゆにたどり着く人たちは、抱える課題が多様化しているだけでなく、

病気や障がいが表面的にはわかりにくいひとたちです。

　家族や学校、あるいは職場では表面的になんとか適応しようと頑張ってきたために、うつの症状があっても我慢してしまいます。また、相手の話が理解できなくてもそのままにして叱られ、無責任となじられるなど、周囲の人に助けてもらった体験が少ないという共通点を感じます。そのため、これまでのように人のなかにいることが出来て、生活のリズムが整うことで普通に働けるわけでもない。何がどう難しいのでしょうか。

　「トラヴァイユ・それいゆ」は、さまざまな作業を通じて、本人がもつ力と抱える課題を明確にし、社会のなかに自分の場所を見つけて送り出す場所として、これから活動していきます。カフェは今まで通り、就労準備の場所として営業しています。事務作業や単純作業などがもっとあれば、よりメンバーたちのスキル向上と給与という形でのフィードバックにつながるのですが、不足している現状です。これまでお知り合いになれた企業さんにお願いをしていますが、まだまだ足りません。私たちの活動を企業につなげて下さる方達との出会いも必要と痛感しています。日々の支援に多くの時間をとられて、法人の外へ出かける時間がほとんど取れないのが現状ですが、なんとか打開したいと思っています。

　次にご報告するのは、リカバリーハウス（グループホーム）に２室の「サテライト」が誕生しました。本体グループホームから徒歩10～15分くらいと近く、いずれも１DKの間取りです。入居者もすでに生活を始めました。夕食提供（希望者のみ）の他、スタッフの巡回や生活のサポート、各種手続きへの同行支援、夜間対応などはグループホームに入居の場合と同じです。自立度が高く（あるいは練習しながら自立度をあげていく）、いつでもスタッフが相談に乗れる体制があるのが特徴です。新しく始まった制度のため、いろいろ試行錯誤ではありますが、精神疾患・障がいを抱える人が、ひとりでも地域で暮らす形として機能していくことに力を発揮していきたいと思います。春から新しいスタートを切った"それいゆ"です。お近くへお越しの際にはぜひトラヴァイユへ、そしてカフェに遊びにいらしてください！

[No.47　リカバリーハウスが火事になり、住めなくなりました]

———————————————————————— 2015年1月発行

　2014年12月22日の早朝のことでした。この日私は、翌23日に予定されていた会議に出席するために、午前中の飛行機で東京へ出張する予定でした。いつもより早起きして、降雪をチェックするタイマーを6時にセットしていました。ですがアラームではなくメンバーからの電話で起こされたのです。彼女の第一声は「大嶋さん、ハウスが火事になったの。いま全員で消防車の中に避難してる」でしたが、一瞬何が起こったのかピンと来ませんでした。たくさんの消防車がハウス前にいて消火活動をしているが炎が見える、火元は同じ建物の玄関別で入居している2階のおばあちゃんの部屋らしいが、おばあちゃんも無事に避難したと聞き、ようやく事態の深刻さが伝わりました。

　あれから3週間が経ちました。以下、12月23日にHPのトップページに掲載した火災の第一報です。

　12月22日、朝5時8分にハウスの建物隣2階に住む女性が（建物は一体ですが別玄関で2世帯が住んでいました。いずれも一人暮らしのおばあちゃま）119番通報。リカバリーハウスでは玄関横の火災報知機が作動し「小屋根裏」が点滅したそうです。メンバーが音に気付きましたが、どこが燃えているのかわからず誤作動かと思ったようです。けれどもその数分後には隣の女性宅から延焼して、ハウスの屋根裏部分が燃えだしました（屋根がつながっています）。ハウス2階奥、屋根裏に上がれる部分には入居者の家財道具などを保管してありますが、そこから火が迫ってきました。この段階で入居者の一人が炎に気付き、全員に声かけ、消火器を使用しましたがとても消せるものでないと判断し、全員で避難しました。この段階で、すでに消防士がハウス内に、消火のため入ってきたそうです。

5時23分、消防車内に避難した入居者から大嶋に第一報があり、スタッフ2名に電話。間もなく駆けつけたスタッフより消火活動の状況が刻々と入りました。
　9時頃ようやく鎮火。現場検証が続きました。この間、パジャマで裸足の状態で避難した入居者を、スタッフが大嶋家に移動させ、食事などをとり、現場スタッフからの報告を逐次受けました。
　11時にはスタッフが中へ入り、消防からのさまざまな質問に応答。そして写真を送ってくれました。「とても住めるような状況ではありません」スタッフの声が悲痛な感じで、思っていたよりも事態が深刻なのが分かりました。
　14時、入居者を連れとりあえず2、3日必要なものを取りにハウスへ行きました。大嶋が消防より出火原因に関する説明を2階女性の火元で受けました。2階のおばあちゃまのお部屋に初めて入りましたが、室内は全焼。説明によれば、屋根の雪を溶かす装置が老朽や何かの要因でショートし、その際に塩化ビニール管を包んでいた断熱材に着火したのではないかということです。入居者やおばあちゃまに過失はなく、建物設備の老朽化による火事でした。
　ニュースおよび新聞報道では、入居者に関することにも触れていました（確かにアディクションの問題を抱える人はいますが、そうではない方も入居されています。矯正施設？ではないです。入居者たちが自分の病いや障害を抱えながら再び生活を立て直す場所なのです）。興味本位だなと思いました。どこまで必要な情報なのか、首をかしげる内容となっていたことにも落胆しました。
　誰かの過失ではないこと、おばあちゃまも含めて入居者全員が無事に避難できたこと。そのことを心から良かったと思っています。それでも、多くの方々にご心配をおかけしています。お電話やメール、ありがとうございます。これから逐次HPで状況をご報告していきたいのですが、ご支援いただきたいことがあります。どうぞよろしくお願いいたします。

FBF（FaceBook Friends）が火事の一報を夕方のニュースで知り映像をupしてくれたおかげで、瞬時に全国のFBFよりお見舞いや必要なものを知らせてのメッセージが届きました。そこで、すぐに必要だった毛布6枚やマグカップ、タオルなどをお願いしたところ、すぐに集まり驚きました。また次々にお見舞いのお金を届けてくださる方、書留で送ってくださる方、欲しかった衣装ケースを運んでくださる方、整理ダンスが欲しいとお願いしたら家具店で調達し届けてくれた方等々、多くの気持ちに励まされてなんとかお正月を迎えました。

　「リカバリーハウスそれいゆ」は、12月26日に札幌市東区、地下鉄東豊線「元町駅」近くに移転しました。実はこんなに早く移転先が決まったのには訳があります。この建物は今年3月に「ステップハウスそれいゆ」（独立生活型・定員5名）を移転させようと準備を進めていた物件です。今回の火事で行き場を失ったメンバーたちのために使わせて欲しいと大家さんにお願いして、お正月を過ごせました。しかしグループホームとして使用する際に必要な手直しがあるため、ホッとしたのもつかの間、年明け早々の1月5日より改築工事が始まっています。詳細は随時HPで報告していますので、お読みいただければ幸いです。とにかく怪我する人がいなかったこと、誰か入居者の過失による火事ではなかったことによってどれだけ安堵したかわかりません。

　しかしながら、大量の煙を吸い水がかけられた家財やキャビネットなどは使用不能となりました。またメンバーたちの洋服、雑貨なども被害にあいました。これから元町に移転した「リカバリーハウスそれいゆ」の工事が終了したら、新しい家具を入れて必要なものを整え、ようやく今度こそ落ち着いた生活が再スタートします。現在は食事提供も行えないため、メンバーたちは偏った食事となりがちで、体調を崩す人が出ています。また「トラヴァイユ・それいゆ」に通所中のメンバーたちも火事にあったメンバーたちに対し気を遣っている様子が窺われます。こうした暗い空気が漂うなかで、それでも自分と向き合う作業や仕事に集中する練習は休まずに続けています。今後まだまだ多くの残務処理が必要

なために、スッタフ総出でこれにあたっています。これからまたきめ細かい生活の援助を行うためにも、今まで以上にみなさんのご支援をいただきたく、お願い申しあげます。必要な物リストにつきましてはHPにupしてまいります。また、寄付も大変ありがたく、今後の家具備品購入に使わせていただきます。

　一人一人の方にお礼を申し上げるのには当分時間がかかりますが、どうぞ今後ともよろしくお願い致します。2002年9月に「共同住居」としてスタートした"それいゆ"にとって、菊水のハウスはたくさんの思い出が詰まった場所です。それを失うことは本当に悲しく辛い出来事ですが、新しい場所でまたみんなで力を合わせて、病気や障がいからの解放＆成長を追求していきたいと思います。今回の試練はいつにも増して大きなものでしたが、「越えられない試練は与えられない」という言葉を信じて前に向かおうと思います。

＊相次ぐ移転

　2008年から2014年までに、一体何回の引越しを体験したでしょうか。2008年には独立生活型のグループホーム「ステップハウスそれいゆ」を東区に開設しました。地域活動支援センターは、当時中央区北1東7にあり、「リカバリーハウスそれいゆ」は白石区菊水でしたが、それぞれは車で10分程度の距離にありました。今でこそ、グループホームの多くはマンションを借り上げ、入居者各自が生活するタイプが主流ですが、当時はその先駆けであったと思います。共同生活型では、風呂・洗面所・トイレが共有となるので、不潔恐怖で手洗いが止まらないなど、強迫症状がある人の入居が困難です。また摂食障害のため、嘔吐に際し長時間トイレを使用するのを他の入居者が許容できないなど、生活の支援は必要だが提供出来ないジレンマがあったのです。そして暮らしは落ち着いてきたが、一人という環境に置かれた時に、練習してきた食事や睡眠を確保し、日中活動を継続するなどに「もう少しの支援」が

必要な人に、それを提供出来る場所が欲しかったのです。

「ステップハウスそれいゆ」を開設したことで、新たに気づかされることがありました。スタッフの当直こそありませんが、一人暮らしになったからこそ、水道が凍結した、部屋で酒盛りが始まったなど、夜中や休日の緊急出動はむしろ増えたかもしれません。そしてアパート（12世帯）には一般の入居者もいます。グループホームとして使用していることを、特に告げていませんでした。また住民との挨拶や共有部分の清掃、除雪など、すべてがメンバーにとって、初めての体験でした。その後2010年5月に「ステップハウスそれいゆ」は豊平区平岸に移転します。今度は30世帯が入居する鉄筋マンションで、地下鉄にも近いことから、地域活動支援センターには遠くなりましたが、便利でした。引越しは、5名の入居者に各一人のスタッフが付き合い、準備をしました。なかには、引越しの当日になってもほとんど荷造りがされておらず、スタッフに任せきりという人までいて、大騒ぎでした。

次の移転は2013年4月。「地域活動支援センター」を「就労継続支援B型」へ移行しようとして申請したところ、思いがけない建物の不具合が見つかりました。移行できないだけでなく事業の継続ができないと言われ、理事でスタッフの梶間さんと二人、途方にくれたのを思い出します。当時の建物1階にあったカフェごと移転できる先を探しましたが、なかなか見つかりません。そんな時に、カフェの施工会社から、自社のショールームが空いているからと無償での提供がありました。本当に救われた思いでした。そして、藤田理事の紹介で現在のエクセレムビルと出会います。オーナーの藤沢社長（当時副社長）が、法人の事業に関心を示してくださって、4階をお借りすることが出来ました。

2013年10月にはカフェを東区に再開します。そして2014年4月には、エクセレムビルにて「就労継続支援B型事業所」である「トラヴァイユそれいゆ」へ移行をします。これで法人の3つの事業は、すべて訓練等給付事業となりました。

ようやくすべての事業が軌道に乗り、やれやれと思っていた2014年

12月に、今度は「リカバリーハウスそれいゆ」が火事になりました。建物設備の老朽化による出火で、幸い全員が無事に避難できたことは奇跡でした。テレビでも大きなニュースとなり報道されるのを観て、心臓が縮む思いでした。しかし暮らしの支援とは、待ったなしで続きます。焼け出されたメンバー全員は大嶋宅でしばらく生活し、すでに借り受ける予定の現リカバリーハウスが必要な工事で使用できない間、今度はホテルでの生活となりました。スタッフ総出でホテルへの巡回、食事の提供、菊水のハウスの後片付け、みんな本当によく頑張ってくれたと思います。そして、メンバーたちもこの試練をよく乗り切ってくれました。

　こうして数えると、5回の移転を体験したことになります。法人として財政的には破綻してもおかしくないくらいですが、運転資金の借り入れや寄付などで、その都度をしのいできました。またこの時期、法人の事業規模は徐々に大きくなりますが、運営は決して楽ではありません。それでも新しく与えられた場所を何とか軌道に乗せていこう、みんなの場所を守ろう、そんな気持ちで必死だった気がしています。そして多くの励ましが、萎えそうな私たちの気持ちを救ってくれました。

＊暴力被害をどう生き抜くのか──長く続く回復のプロセス

　もう一つこの時期を象徴するのが、「それいゆ」にたどり着くメンバーたちが抱える困難さの変化です。開設当時からその多くが暴力被害を背景に、さまざまな疾患や生活の障害を抱えていました。しかし20代後半から30代前半頃まで、表面的には学校生活や就労体験をなんとかこなしており、途中で症状が出現して"息切れ"を起こした事例が多かったのです。そして基本的な生活習慣（朝には起きて、夜は眠る、規則的な食事や洗顔や身辺整理、金銭の管理など）は、ほぼ自立（自律）していました。それぞれに高等教育を受けてきた経緯があるので、自身の体験を専門的書籍で概念的に整理することも可能でした。2008年の「地域活動支援センター」におけるプログラムに、"レジリエンスミーティング"と呼ばれる時間があります。ここでは、W．ウォーリン『サ

バイバーと心の回復力——逆境を乗り越えるための7つのレジリエンス』(2002) や宮地尚子『トラウマとジェンダー』(2004) といった専門書を使い、輪読と内容の解説、そして参加者自身による体験を語るミーティングをおこないました。参加者はいずれも両親やパートナー、あるいは恋人、そして教師からの反復的な暴力被害が及ぼす抑うつ状態、不眠、フラッシュバックに苦しんでいました。初めはプログラムで話される専門的な内容にためらいを見せていたのですが、解説をしながら読み進めていくうちに、徐々に自分の体験と照らし合わせ、自分の場合について話していくようになりました。当然ですが、そこには感情が伴うので、しばしば休みながら進めていきました。コラムを書いてくれたmayumiさんも、5年にわたってこのプログラムをやり終え卒業していきました。

　しかしその後利用者の年齢はどんどん下がっていきます。児童養護施設や自立援助ホームなどの施設で生活が難しくなり、居場所は必要だが単独生活をするには社会体験が乏しい、そして原家族からの援助は物心両面で望めない女の子たちが利用するようになりました。環境の困難さに加えて、軽度の知的障害やパニック障害、薬物乱用や自傷行為など、さまざまな困難が掛け合わされた人たちです。また人生の早い段階で、集団生活に馴染めずに学校をドロップアウトした人、学校は卒業したが、人のなかに入っていくことが難しいために自宅で過ごしていた人、アルバイトに就くが過剰に適応しすぐに挫折を繰り返す人など、利用者の背景はどんどん多様化していきました。

　同じくコラムを書いてくれた優歩さんも、その多様化世代の一人です。No.27の巻頭言では彼女との壮絶な半年間に触れています。優歩さんは、私が敬愛する先輩ソーシャルワーカーから紹介されて札幌へやってきました。実は優歩さんとの援助関係で学んだことを、彼女の承諾を得て、すでに私はさまざまな場所で話し、また書いてきました。次に紹介するその文章と、優歩さん自身が書かれたものを読み比べていただくと、あの時がどのような時期であったかを想像していただけると思い

ます。

　その優歩さんですが、地元に帰ってからも、私に電話やメールで生活の様子を知らせてくれました。連絡がある時は、そのつど彼女が大事な岐路に立たされていたように思います。私は聞くだけしか出来ませんが、もうその頃には、彼女が自分の支援ネットワークを信頼し始めていました。彼女の長い回復の道のりを見続けてきた私には、「生きてさえいれば何とかなる」と、心から感じました。そして優歩さんは、お母さんになりました。でも、私はまだ安心していません。彼女にとって、子供と向き合うことは、自分が喪失した子供時代と向き合うことであり、大きなリスクが伴うであろうことを予測しています。でも今の彼女には、あの頃とは違う"自分を説明する言葉"と、周囲の言葉に耳を傾ける落ち着きがあります。

　上岡さんとの共著『その後の不自由』は、2010年に出版されました。あの時も、優歩さんのような人たちのことを思いながら書いたのですが、さらに8年が経過してみると、被害体験からの回復には、気の遠くなる時間と堅実で揺るがない支えが必要であることを感じます。

「心的外傷体験と向き合う」

NPO法人リカバリー　代表　大嶋　栄子

　その人は、詰襟の学生服姿で私たちの前に現れた。地元での治療が継続困難となり、病院のPSWが彼女を私たちのところにまで送り届けた。診断名は解離性障害と覚せい剤依存。実父からの性虐待が12歳頃より継続的にあり、県下の主だった精神科医療機関をはじめ、教育委員会、児童相談所、福祉事務所などが常に関わってきた有名な事例だ。札幌で新しい生活を始めるにあたり、自分に「優歩」という名前つけて生きることにしたという。その日から6ヶ月、今度は私が彼女を地元へ送って帰るまで、心的外傷（トラウマ）がどのように人を苛み、周囲の人を巻き込みながら本人を孤立させ、生き難くさせるかを徹底的に学ぶこととなった。

　当時の私達には心的外傷に関する最低限の知識はあった（つもりでいた）が、現実の生活で起こる出来事に圧倒され、対応は精彩を欠き、彼女をさらに苛立たせた。最後は銃刀法違反で警察に拘留され、簡易鑑定の結果、医療保護入院となりその後地元へ戻った。結局、私はなにも出来なかったと感じていた。彼女の再入院手続きをぼんやりと眺めていたところ、「〇〇さん」と彼女の本名が呼ばれた。今日からもう、「優歩」ではないのだ。手続きをしてくれた看護師は、数年前から彼女に関わってきたベテランだが、私に向かってこう言った。「ずいぶん印象が変わりましたね。誰なのか分からないくらいだわ」

　あれから7年の歳月が流れ、彼女は27歳になった。沢山の出来事がその後続きはしたものの、嵐のような怒りは影を潜め、喪失の悲哀から衝動的な性関係が繰り返された時期も過ぎ、今はパートナーと二人で淡々とした日常を生きている。

　心的外傷を抱える人への援助は、長距離走によく似ている。(1)周囲が本人の困難に気づいた地点か、(2)本人が激しい感情の爆発や人への拒絶

で、走る（＝生きる）ことから脱落しそうな時期か、あるいは(3)本人が自分の体力に折り合いをつけ、順位より完走を意識する時期かなど、時期に合わせた本人の走り方と伴走の仕方があるように思う。私たちが彼女を引き受けたのは、まさに(2)の後半にさしかかる時期だった。

　このような快復の時間軸を持つ必要を私に教えてくれたのは、心的外傷の研究者ではなく、その体験を生き延びた当事者である。多くの医学書に書かれてある多彩な症状は、援助者を震え上がらせ、当事者に対して無用な警戒心を持たせることに貢献したとさえ思える。むしろこうした事実を抱えながらも、日常を生きざるをえない彼女たちを側で見守り、支えるうえでの距離感について、あるいは何気ない日常の支援が持つ意味をきちんと知らせる言葉こそ求められていると感じる。

(1)　援助の導入期では、本人が自分の抱える困難を名付けられないことが多い。学業の不振、上の空、人を怖がることもあれば、馴れ馴れしいくらいの密着もある。外傷体験そのものを語ることは出来なくとも、日常的な「うまくいかなさ」を聴いてもらえる場所が重要となる。安全な場への避難が優先される場合には、周囲はそれを終えた直後から、本人が直面する罪悪感に配慮が必要となる。たとえどのような場合でも、本人は外傷体験を自分の非と結びつけがちだ。自分が守られる存在であるという実感より、自分の変調が周囲の（特に加害者を含めた近親者の）調和を破壊したと捉えがちで、たとえ避難が正当であったとしても、受け容れ難く混乱する。何度も話を聴いてもらうことは、つまり自分の語りを自分で聴くことでもあり、そうやって自分に起こった出来事を整理することが可能となる。援助者は「付かず離れず」の一定の距離感で、本人が援助を求めてよいのだというメッセージを発信し続ける役割を果たす。

(2)　安全の構築期では、本人が情緒的にも身体的にも多くの動揺と混乱に直面する。Van Den Bergは、当事者のナラティヴ（語り）や物語を聞き取るだけでなく、それらを脱構築化することを含め、外側から見え

る知識ではなくクライエントの内面に秘めた知識を、本人との応答から知ることが重要だと指摘している[1]。援助の場に辿り着いても、人への強い不信感は容易に消えないため、自傷行為、うつ状態、アルコールをはじめとする薬物乱用などが見られる。また平川は多くの暴力被害者支援の実践から、当事者が新しい自分の人生を歩き出すのに、自閉できることを許される場所が不可欠だと述べる[2]。

　援助者は極めて近い距離で、本人と対峙する。そのため、この時期の本人と向き合う場合には、「問題と人」を分けて考える必要がある。問題が問題なのであり、それが怒りにせよ拒絶にせよ、本人にとっては変化のプロセスのひとつであると知っておくと、乗り切りやすい。また援助者と本人の間でアタッチメント（愛着形成）は必須だが、諸刃の剣でもあることから援助者がスーパーヴァイズを最も必要とする時期である。

(3)　最後に悲哀の時期は、喪ったものを悲しむだけでなく「得られたであろうもの」を想い、哀しむ作業が加わる。この時期の援助者の役割は、生活者としてロールモデルを示すことである。彼女たちが失ったものの中には時間がある。体験を通じて示すこと、地域社会にあるリソースと彼女たちを出会わせるなど、援助者がやるべきことは多い。そして、最も重要な働きとは、彼女たちの今を、かつての支援者に事情が許す限り伝えていくことである。心的外傷体験を有する人たちの援助には多くの労苦が伴うが、ひとつの良き変化を知ることで、援助者もまたエンパワーされるのである。

（Endnotes）

1　Van Den Bergh, Nan ed.（1995）*Feminist Practice in the 21st Century*, NASW Press.
2　平川和子（2002）「ジェンダーと女性の人権――暴力被害女性への危機介入支援の現場から」金井淑子・細谷　実編『身体のエシックス／ポリティックス――倫理学とフェミニズムの交叉』ナカニシヤ出版 ,179-197.

＊支援の正念場

　第2章でも触れたように「障害者自立支援法」が施行され、障害者の就労支援に注目が集まるようになりました。何度も改正され、現在の「障害者総合支援法」に至るのですが、札幌市内にも多くの障害福祉サービス事業所が誕生しました。しかし大切なのは、その数ではないと感じます。むしろ法律の狭間にあってこぼれ落ちる人、周囲は支援の必要を感じるが望まない人、情報化社会のなかで取り残されている人に届けられるような、それを可能にする「支援の質を底上げする」ことこそ、求められているのではないかと思います。

　法人は2014年から、地域活動支援センターを就労継続支援B型へと移行しました。これで全ての事業は、訓練等給付事業に移行したことになります。利用者数の確保（事業の継続性を担保する）と支援の質を両立させるという、新たな命題が加わりました。

　そんなさなかに5回の移転、利用者層の急激な若年化、そして抱える困難さの多様化と、相変わらず「それいゆ」はいつも問題が山積していました。そして、この支援の正念場を象徴するのが「リカバリーハウスそれいゆ」の火事でした。懐かしい思い出と一緒に、家はなくなってしまいましたが、卒業した人たちとの語らいでは、あの傾いだ床や寒くて震えた階段、隠し階段から落ちたことなど、数多くの逸話で盛り上がるのです。

　まさかその3年後、再び火事を体験することになるなど、この時私たちは考えてもいませんでした。

論考

第Ⅴ部　物質使用障害とアディクションをめぐる様々な問題
　　　　3）　地域支援に際して無視できない問題
2．女性のアディクションへの援助
大　嶋　栄　子

Ⅰ．はじめに

　筆者が主宰する NPO 法人リカバリーは，現在「障害者総合支援法」に基づく「共同生活援助事業（グループホーム，以下 GH）」2ヵ所と，「地域活動支援センター（以下地活）」1ヵ所を運営している。施設名はそれぞれ「それいゆ」というが，利用者のなかにある快復の種が芽吹き，成長するのに欠かせない日差しのような存在（「それいゆ」はフランス語で「太陽」）でありたいという思いから名づけた。

　施設の開設は 2002 年 9 月だが，3 施設で年間のべ 40 名ほどが利用する。GH はおおむね 2 年で人が入れ替わる。地活はこの数年，利用者が次の社会参加＝就労へ移行するのに時間がかかっている。「それいゆ」の援助対象は，さまざまな被害体験を背景に持ち，精神的な疾患あるいは障がいを抱えている女性である。利用者のうちおよそ 6 割が嗜癖問題を抱えている。また，親や兄弟に何らかの嗜癖問題がある者を含めると 8 割に達する。

　本稿では女性嗜癖者への援助を考えるうえで「使うこと／止めることの意味」に焦点を当てながら，「Women-Centred Care」[5] を提供する重要性について述べる。

Ⅱ．使うこと／止めることの意味に寄り添う

　これまでの嗜癖臨床では，基本として嗜癖を止めるための援助を行う。しかし筆者は止めようとしない，止めることを継続できない女性嗜癖者たちを多く見てきた。治療意欲がないと片づけられてきた事象だが，そうなのだろうか。

　女性嗜癖者の発症機序として，親密な関係の他者から長期間にわたり反復性の暴力を経験していることは，多くの論者が指摘している[3,7]。

ここでいう暴力とは，身体的なものもあるが，むしろ表面に現れにくい性被害，恫喝や支配あるいは完全な無視などの心理的なもの，また食事や入浴といった生きるための手段を保証しないことなど多様である。そして本人は，これらの体験そのものを相対化しないことが多い。自分が他者と異なる体験を持つと知るときに伴う痛みは，しばしば現実を加害者に有利な物語に仕立てることにつながる。暴力被害の体験を自分のせいにし，あるいは加害者を取り巻く環境のせいにすることで，体験自体を過小評価，あるいは忘却するのである。

　人はアルコールや薬物などによりコントロールを失い社会生活に支障を生じるに至っても，バランスを欠いた生活それ自体に今度は適応しようとする。特に女性嗜癖者は，嗜癖問題以前に安全や自分の存在が肯定されるという経験の不足状態に長く置かれている。そのため援助者が社会生活に支障が出ていると判断しても，当事者には日常化し「当たり前」であるために援助の開始とならない。むしろアルコールや非合法薬物，摂食行動，自傷行為などいろいろな嗜癖を使って何とか生活　表1　を維持しようするその渦中でこそ，実は「嗜癖を使うことの意味」に寄り添う援助が必要である。具体的には学校や児童養護施設，DVのシェルター，母子生活支援施設，拘置所，小児科や内科などの一般医療機関等といった場で援助者は彼女たちと出会う。

　一方嗜癖臨床で「回復は止めることから」と強調するのは，嗜癖によって健康と生活が破壊されるからだが，彼女たちは「にもかかわらず使うことの意味」について周囲から耳を傾けられてきただろうか。援助者は当事者が嗜癖問題を抱えながらどのように生きたか，またどのように生きられなくなってきたかという過程の，今どこに居るのかを捉えておく必要がある[1]。

表1　アルコール・薬物使用のメリットとデメリット（文献2より引用）

アルコール・薬物を使うメリット	アルコール・薬物を使うデメリット
アルコール・薬物を止めるメリット	アルコール・薬物を止めるデメリット

その作業に有効なものがある。表1は筆者が使用しているマトリックスだが、これは松本らが米国の Matrix Model をもとに神奈川県立精神医療センターせりがや病院で始めた、「せりがや覚せい剤再乱用防止プログラム（SMARPP）」をアルコール依存症にも使える形にしたワークブックの一部である[2]。

このマトリックスで特に重要なのは、物質使用を止めるデメリットである。つまり物質使用のメリットを失うことを意味するのだが、「ヒマ、つまらない感じ、エネルギーが出ない」などの記載が多いのは、生活が嗜癖中心になっていることを指している。また、女性嗜癖者の多くはこの欄に「フラッシュバックに対処できない、パニックになったときに動けない、リラックスできない、怖さを乗り切れない」といった彼女たちを脅かす嗜癖問題以前の課題を書き出す。こうした表現に注目し個別の面接を通じて、物質使用中止のデメリットへの対処法を検討する。最終的にはアルコール・薬物を使うメリットより止めるメリットが大きくならないと、彼女たちの嗜癖問題は根本的な解決には向かわない。女性嗜癖者が「止めてからが本当に辛い」というのは、アルコールをはじめとする嗜癖がもたらすメリットを失う辛さを指している。治療意欲を問題にする前に援助者が目を向けるべき点である。

Ⅲ.「Women-Centred Care」を提供する

筆者は従来の嗜癖臨床で中高年男性をモデルとした援助枠組みが使われ、それを女性に援用する限界と逆機能について述べた[4]。ここではカナダの女性嗜癖者に対する実践である「Women-Centred Care」について紹介する。

図1はその概要である。「Women-Centred Care」はカナダのバンクーバー市にある Women's Hospital and Health Center で2003年から始まった Fir Square Combined Care Unit における取り組みである。妊娠中の女性嗜癖者が、自立生活を想定した特別病棟（キッチン等が付設され、日常生活を送りながら治療プログラムを受ける）で薬物使用の有無にかかわらず周産期の援助を受けるというものである。「Women-Centred Care」とは、その名が示すように「女性のニーズや状況に焦点化された」

援助モデルである。またその実施にあたっては，ハームリダクションの考えを基本に置いている。また「Women-Centred Care」は多くの臨床家と研究者が調査研究や実践の成果を持ち寄り，これを実現可能な形に再構成し発展させたものである。紙幅の関係で詳解はできないがその特徴を見ていこう。

1．安全

女性嗜癖者への援助で重要なことは，その場を安全に保ち，リスクを最小限にすることである。彼女がたとえどんな状態であっても（薬物使用の影響下にあったとしても），援助を受けることが可能である。非審判的なスタッフの援助が利用者にとって最も有益である。

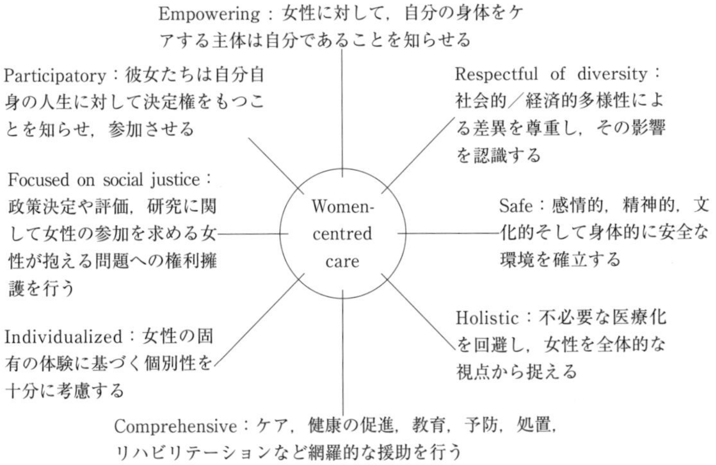

Empowering：女性に対して，自分の身体をケアする主体は自分であることを知らせる

Participatory：彼女たちは自分自身の人生に対して決定権をもつことを知らせ，参加させる

Respectful of diversity：社会的／経済的多様性による差異を尊重し，その影響を認識する

Focused on social justice：政策決定や評価，研究に関して女性の参加を求める女性が抱える問題への権利擁護を行う

Safe：感情的，精神的，文化的そして身体的に安全な環境を確立する

Women-centred care

Holistic：不必要な医療化を回避し，女性を全体的な視点から捉える

Individualized：女性の固有の体験に基づく個別性を十分に考慮する

Comprehensive：ケア，健康の促進，教育，予防，処置，リハビリテーションなど網羅的な援助を行う

図I　Women-Centred Care（文献5より引用）

2．エンパワーメント，当事者参加の原則

利用者は自分のペースで変化のための行動に着手することを許容される。個別のニーズに沿った処遇計画がチームによって用意されるが，そのプランは彼女たちが自分で自分を手当てすることに到達するように作られており，彼女たち自身による選択を尊重する。

3．包括的なケア

　援助チームは異なる学問的基盤を持つ多職種で構成されることが重要である。受付から掃除のスタッフまで，それぞれが自分の援助領域を持ち，かつ全体が率直に友好的なコミュニケーションを行えることが重要である。そして地域における資源およびスタッフとの結びつきがなければ，女性嗜癖者への援助は十分とはいえない。

4．社会正義に焦点を当てる，全体性の意識，多様性に敬意をはらう

　退院した後の住居，就労支援，子どもの世話，家計をやりくりすること等々，生活に付随するあらゆる事柄に対して女性たちが取り組めるように，彼女たちに"伴走する"ように援助を行う。これは支援機関のソーシャルワーカー，そして地域のケアマネージャーの重要な仕事である。制度利用に関して女性嗜癖者が不当な扱いを受けないように権利を擁護すること，また必要な政策提言を行うことが求められる。

5．個別化

　一人一人の女性にそれぞれの人生があり，個別のニーズがあることから，提供する援助がその個別性に対応できているかを定期的に精査し，必要に応じて援助計画を改良する。

　このモデルは妊娠中の女性嗜癖者を対象としているが，女性嗜癖者すべてに対して提供されるべきケアであろう。個別化や当事者参加，エンパワーメントなどの概念は新しいものではないが，それらを援助場面の哲学として据え具現化しようとコミュニティ全体が参加し取り組んでいる点に学ぶことが多い。またイギリスでも，女性の精神障害者に対して従来の医療システムが内包する女性蔑視やジェンダー不平等を是正するための新しい援助モデルを「Women-Centred Care」と称する実践が始まった[6]。女性が置かれている状況を社会的文脈で捉え，女性自身がその事実に気づくのに必要な言葉を伝え，自らのニーズを表明することを擁護するという内容は，まさにカナダのモデルと重なる。

Ⅳ.おわりに

　嗜癖が止まって初めて見る自分の状況の現実は，想像していた以上に夢がないと女性嗜癖者たちの多くがいう。何もかもイヤになり，投げ出したいと泣く。治療プログラムをやる前から「どうせ」と言い，うまくいかないと「やっぱり」と嘆く。クリーンな身体は清々しいものかと思ったら，生理の痛みはひどいし，何よりだるい。人に言うと甘えるなという言葉で反撃される。

　何年にもわたるこうした辛さを乗り切っていくには，自分がいま，長い人生（life）のどのあたりにたたずんでどちらへ行こうとしているか，それを指し示す案内板のようなものが必要だ。また道程を見渡す双眼鏡のようなものもあると良い。途中で休んでいる人や，道を逆戻りしている人などを観察し，自分はどのようなルートで，どこへ向かって歩くかを考える情報となる。そして道中を同行する人がいるとなお良い。同行者とは途中で異なる道を歩むこともあるが，行く先で別の同行者と出会うこともある。

　筆者は現在，地域で生きる女性嗜癖者たちのベースキャンプのような働きを担っている。先述した「Women-Centred Care」の提供に務めるとともに，コミュニティに点在する女性のための援助機関同士がつながり，この援助哲学をどう共有できるか模索中である。女性嗜癖者が孤立せず，喪失からの回復という長い道のりを歩き続けるために有効な道具の開発が急がれる。そして彼女たちが歩く道に立ちはだかる障壁の存在を，社会に知らせていく必要がある。ひるんでいる暇がないほど，課題は山積している。

文献

1）上岡陽江，大嶋栄子：その後の不自由—「嵐」のあとを生きる人たち—．医学書院，東京，2010．
2）松本俊彦，小林桜児，今村扶美：薬物・アルコール依存症からの回復支援ワークブック．金剛出版，東京，2011．
3）Najavits, L.M., Sullivan,. T.P. Schmitz, M. et al.:Treatment utilization by women with PTSD and substance dependence. Am,J Addict.,13;215-224, 2004.
4）大嶋栄子：ジェンダーの視点からみる女性嗜癖者の回復過程—「親密圏」と

「身体」に焦点をてて—。北星学園大学大学院論集（1） p.5-20, 2010.
5) Payne, S.：In-Hospital Stabilization of Pregnant on Women Who Use Drugs, i：(ed.), Poole, N. and Greaves, L. High & Lows Can a dian Perspectives on Women and Substance Use, CAMH, Toronto,p.249-255, 2007.
6) Phillips, L. and Jackson, A.：Gender-specific mental healthcare : the case for women-centerd care.In：(eds.), Phillips, P.,Standford, T. and Johnston, C. Working in Mental Health, Routledge, London,p.90-103, 2012.
7) Plotzker, R.E,. Metzger, D.S. and Holmes, W.C.：Childhood sexual and physical abuse histories, PTSD, depression, and HIV risk outcomes in injection drug users: a potential mediating pathway. Am. J. Addict,. 16； 431-438, 2007.

初出：『精神科治療学』28. 増刊号（2013.10）
「物質使用障害とアディクション臨床ハンドブック」（星和書房）

第4章
誰もが"当事者"の時代

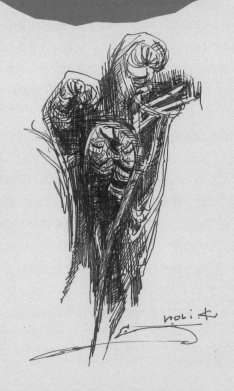

[No.50　社会的包摂と薬物政策、そして"若草プロジェクト"]

2016年6月発行

　気がつくと、私の周りではすでに6月になっていました。おかしい。この間お正月でしたよね。毎日が飛ぶように過ぎていきます。というわけで、賛助会員と関係機関のみなさま、長い間のご無沙汰をお許しください。

　この間にあったさまざまをざっとご紹介します。年明けごろから春にかけてグループホームのメンバーたちの入退去が続き、スタッフは「引っ越し屋さん」と化してさまざまな作業に忙殺されました。また「トラヴァイユ・それいゆ」通所中のメンバーの何人かが調子を崩して入院したり、あるいはアルバイトが決まり卒業していく人がいたりとさまざまな変化がありました。「トラヴァイユ・それいゆ」では複数の作業をおこなっていますが、お干菓子の箱詰めやDM発送作業がコンスタントに入り、従来のビーズアクセサリーや刺繍、織物といった作品の製作と販売を合わせると、メンバーは忙しい毎日を過ごしていました。

　3月末で道庁の障害福祉課へ届けていたお弁当事業が終了し、5月からは大嶋が非常勤で勤務している札幌刑務支所（女子刑務所）の職員向け弁当がスタートしました。また、就労準備への新しい取り組みとして、お弁当の注文をいただいた前日にスタッフとメンバーで「下ごしらえ」の作業を新たに始めました。実際の調理には自信がなくても、野菜を切る、茹でる、皮をむくといった単純な作業であれば取り組める仲間がいます。またこうした準備の体験で、野菜や肉の調理に関して基本的な知識を得ることは、将来の自立生活に役立つことも期待出来ます。というわけで、現在は新しいお弁当のメニューを開発しながら安全で美味しい食を届けようと頑張っています。次は同じビル内にある他の会社さんで働く方たちにも、お弁当を注文していただき届けようと、営業活動を始めたところです。

　ただ、いつもなら春には新たに通所を始める方が増えるのですが、今

年は数も少なく、なかなか継続ができる方がいません。自分のニーズと体調管理の折り合いがつかない、あるいは就労継続支援Ｂ型は社会で働くのと比べたら「これでは物足りない。自分はもっとやれる」と思う方も多いようです。「それいゆ」が大切にしているのは、メンバーたちが自分の"核"になるものをしっかりとさせていくことです。どんなに努力しても出来ないし、変えられないものがある一方で、長い時間を経てゆっくりと変化するものがあります。働くことは大事ですが、何のために、どのように働くのか考えることはもっと大切です。個人の尊厳が簡単に踏みにじられてしまうような労働の状況が、簡単には変わらないことを思うと、そうしたなかでも自分を見失わずに生きる力を蓄える必要を感じます。「トラヴァイユ・それいゆ」では、引き続きそうした社会の状況にあっても自分であり続けるよう、メンバー達の力を引き出していく支援に力を入れていきたいのですが、手っ取り早い収入や結果を求める人も多いという現実があります。

　４月にはふたつの大きな出来事がありました。ひとつは、かねてから取り組んできた身体に対する働きかけである"ソマティックス"のワークショップを開催したことです。担当されている平澤さんの師匠であるハンナ先生が日本へいらっしゃる、しかも平澤さんが「それいゆ」で行っているソマティクスの様子を見たいと話されているというので、それとは別に専門職向けＷＳの開催も具体化していきました。詳細は平澤さんによる記事をお読みいただければと思います。もうひとつは４/24-25と京都の寂庵にて、少女と若い女性を支援の対象とする新しい試み「若草プロジェクト」のキックオフ研修会が開催されたことです。私は昨年秋に女子刑務所のあり方を考えるシンポジウムに参加したことをきっかけに、厚労省におられた村木厚子さんに声をかけていただき、この取り組みを知りました。法人は2002年の開設以来女性の援助を行ってきましたが、対象の低年齢化現象が起こっています。現行の制度は、こうした若年女性の抱えるニーズを汲み取れるものになっていま

せん。今後「若草プロジェクト」では、当事者の困難を知り、新しい支援の枠組みをつくりコーディネーターを養成するなど、多岐にわたる試みを検討中です。私はこれまでの臨床と実践を生かし、この取り組みに対してどのように貢献できるかを考えています。

　そして５月には、オーストラリアへ１週間の視察と研修へ出かけました。前半はシドニーにおける薬物依存のリハビリ施設、後半はメルボルンにて重複障害への援助と専門職教育、若年層への生活支援、家族プログラムなどについて視察しました。３年ぶりの訪問で大きく変わっていたのは、これまで薬物依存の代表であったヘロインに代わって、覚せい剤の依存が急激に増えているということでした。オーストラリアはおよそ20年前に、違法薬物の単純所持と使用について罪に問うことを止め、代わりに地域生活に根ざしたリハビリテーションを重視する政策に方向転換をしました。薬物依存に対して厳罰化で臨むこ

現実の問題と向き合う　　　　　　　　　　北海道ダルク　森　亨

　大嶋さんから原稿依頼の電話を頂いたとき、すぐに浮かんだ出来事がいくつかありましたが、それは個人的な出来事でもあったので、いざパソコンに向かってみると、何を書こうかと悩みだしました。でも、やはり最初に浮かんだことを書くことにしました。

　私が大嶋さんと出会ったのは、25年前の１月、薬でおかしくなった私が精神科病院のアルコール病棟に入院した時でした。PSWとして病院に勤務していた大嶋さんは、依存症ミーティングのファシリテーターとして私の前に登場したのです。薬を止める気もなかった私にとっては「面倒なことをやらせる人」でした。実際大嶋さんはその時、止める気もない私をどうして入院させておくのかと、担当医に食って掛かったそうです。当然私は退院後もクスリをつかい続け、5年後には刑務所に行き、出所後にダルクに入所することになりました。

　最初の出会いから10年後、札幌にダルクを開設するために協力をお願いした時から、現在に至るまで、14年間変わらずダルクを支えてもらっています。

とは、当事者をさらに追い込み、病いを個人の失敗とみなすことから、逆に回復を遅らせてしまう。むしろ何度失敗しても、本当に薬物を止めたいと思った時に、いろいろな選択肢が用意されていることが、結果として「傷つきを最小限度にする」＝ハームリダクションと考えるのです。もちろん政策の転換に関しては、多くの反対意見もあったと聞きました。しかし薬物依存を他人事と済ませないほどに、オーストラリアではＣ型肝炎やエイズ感染が重要な社会問題となっていました。TAX USER（税金を消費する人）からTAX PAYER（納税する人）へ。人は適切なケアとリハビリテーションを受けることで変化しうる存在であるという信念を、社会で共有していくことができる。日本では有名野球選手の覚せい剤使用による逮捕が毎日のようにニュースで取り上げられていましたが、どれもひどい扱いです。興味本位、誹謗中傷ばかりで、どのように回復していくのかに焦点をあてるものはほとんどありません

　　ダルクは男性、それいゆは女性の仲間たちを応援し続けていますが、我々が仲間たちの薬物と生き方の問題の解決だけに躍起になっていたころから、それいゆは一貫して仲間たちの生活そのものを支えていました。それいゆの仲間たちは携帯電話を持ち、男女交際に悩み、いわば現実の問題に向き合っていました。我々は薬物の問題が落ち着くまでそれらを禁止し、遠ざけようとしていたのですが、禁止しているから隠してしまい、回復に大切な正直さが、ダルクから失われてしまうことが起きていました。しかし我々は変わることを恐れ、禁止することで仲間が守られていると信じ込もうとしました。
　　ダルクでは、ルールに違反した仲間が刑務所に戻ることになるなど、仲間から離れていくなか、それいゆでは支援が継続し、仲間たちは元気になってゆきました。我々がそれを認めて変化したのは、ごく最近のことなのですが、それいゆの皆はただ黙って見守ってくれていたようです。相手を変えようとせず、主体的な回復を信じて安全な距離で見守る。「それいゆ」は自然にそう出来るのかもしれません。
　　先輩、これからも少し後ろを追い続けますね。

でした。

　先の「若草プロジェクト」では、家出し風俗で働く少女達は援助するに値しないと考える社会にも、大きな疑問を向けていくことになります。また薬物依存への対応や少女達への援助の基底には、社会では許容されない犯罪行為を犯した人、あるいは逸脱と見える人の背景には、さまざまな困難があり、それは社会の構造が生み出していくものであるという考え方があります。彼らも私達と同様に社会の一員であり、そうした人たちを排除するのではなく包摂する社会を創っていかなければ、本当の変化は起こらない。今回の視察で、改めてそのことを強く感じました。相変わらずのバタバタとした毎日のなかで、いろいろな事を考えさせられています。

◆**大切な仲間が逝ってしまいました**◆

　2004年～2012年まで「それいゆ」で働き、その後久里浜医療センターにて精力的なお仕事をされていた小松祐子さんが、5月21日午後12時14分、ご逝去されました。8月には出産を控えており、可愛らしい男の子が一緒に天国へ召されました。突然のことで本当に言葉がありませんし、どれほど心残りであったかと思うと胸が潰れる思いです。

　大嶋は21日午前中に危篤の知らせを受けてすぐに駆けつけましたが間に合わず、パートナーである高橋さんの計らいで、特別にお二人に対面することができました。

　「それいゆ」では5/23からお花と遺影を飾り、どなたでもお焼香いただける場を設けたところ、毎日のようにお友達、仕事仲間などが訪れて、お花が絶えることがありませんでした。小松さんのご葬儀は横須賀にて終了しましたが、遠方で伺えなかった方たちも多かったため、これまで親しくおつきあいくださった方たちにお別れをしていただく機会を作ろうと、6/8（水）に「小松さんを偲ぶ会」を開催いたしました。多くの方にご参列いただき、心よりお礼を申し上げます。今年5歳になるお嬢さんと高橋さんの暮らしを、みなさんが心配し、応援する姿が印

象的でした。「それいゆ」は大切な仲間を失いましたが、小松さんの思い出と一緒に、この先も進んでいきたいと思います。

　次の文章は、小松さんがグループホームで勤務していた頃に寄せてくれたものです。

　　今年の2月で「リカバリーハウスそれいゆ」に勤務して1年を迎えます。あーもう1年が過ぎたのですね。この1年、あれよあれよという間に過ぎてしまい、ただ目の前にある事を悩みながら越えていくのに精一杯だったように思います。「生活を支えるという視点から、何が見えてきたのか」というお題を頂きましたが、全体的には見えてきたというより、だんだん解らなくなったという方が実感に近いと思います。
　まず、『どこまでやるか?』が全然解りません。医療機関に勤めている時は、枠があり限界がありました。その中でPSWとして何ができるか?出来ない場合何を繋ぎ、何を作っていくか?ということを考えていました。生活支援は広いとは思っていたものの、広いというか際限がない(ように見える)。他のスタッフを見ていると「えーここまでしてしまうの?」「自分はここまで出来るだろうか?」という気持ちをなるべく顔には出さず、とりあえず乗っかってみる。乗っかってみた後、ああそうだったのかと納得はするものの、こんな発想が浮かぶのか、自分はここまで出来るのかと突きつけられたようで悶々としてしまう。アルコールや薬物、男性問題、食べ物、人間関係など、どれとして同じものはなく、起こってくる問題は激しいのです。つい管理し止めてしまいたい誘惑や、自己責任という名のもと放任してしまいたい誘惑にかられながら、本人に何が起こっているのか、私はどうしたらよいのか、悶々と悶々と悶々と布団の中で考えています。
　そして『利用者の事が』全然解りません。解らないはずです、話している本人も自分に何が起こっているのか解らないですから。痛い、疲れた、悲しい、怒ったなど、皆、感じ難いのですしね。私に

は答えはありません、だから「どうしたらいいの?」と聞かれても「どうしたらいいだろうねー」としか答えられません。話を何度も何度もしていくうちに、こうなのかな?という仮説はあります。でも、あくまで仮説なので、納得したら検証して結果を教えて下さいと言います。その後、「そうだったのね。」だったり「違ったけど、何だったのだろうね」と話します。それでも、解らないことの方が多く、解ったような気になってしまう自分を自戒しながら、皆と一緒に試行錯誤する、毎日その繰り返しです。

　解ったことといえば、毎日いろいろな事が起こることと、生活を続ける大変さ、変化のゆっくりさです。でも詳しく聞かれるとシドロモドロになってしまいます。そのぐらい解らない事が多いということが解りました。

　永遠に解らない事が多いでしょうけど、謎解きは嫌いではありません。是非解ったら、小松に易しく教えてください。　　　　　　　　(2006.1)

＊＊＊

「小松さんへ」
　あまりに突然のことで、何を申し上げたらいいか…。
　小松さんの肉体はもうなくなってしまったのですね。でも小松さんの魂は今ここに来てくれていると信じて、小松さんへ感謝を伝えます。
　小松さんとの出会いは約10年前でしたね。センターで見かける厳しそうなスタッフ、それが小松さんの第1印象でした。センターに通うようになっても酒が止まらず、ステップハウスへ入所。ステップハウスで酒盛りをしている所に他のスタッフと駆け付けてくれましたね。酔い潰れた仲間を毛布で包み、介抱していた所を覚えています。私は窓から逃げ出し、「ひろみさん怪我するわ～」とだけ言い、追い掛けて来てはくれませんでしたね。
　小松さんはいつも「やれやれ」と言った顔をして、叱ることをせず、黙って見守ってくれていました。リカバリーハウスに入所することになり、小松さんの愛情に、命を守ってもらいました。小松さんの作った温かい食事、私はスープカレーが好きでリクエストしましたね。私が涙

を堪えられなくなったときは、ハグして背中をトントンしてくれましたね。

ハウスからも逃げ出し、引っ越しを繰り返すようになり、アパートで食べ飲み散らかした残骸を片付けてくれ、ガスの通っていない冷たい水で大量の食器を黙って洗ってくれましたね。つらい時、苦しい時、怒りや恐れに潰されそうな時、ただその場にいてくれるだけでよかったのに・・・八つ当たりばかりしてごめんなさい。

その場にいるのが当たり前だと思っていた私はなんてバカなんでしょう。

小松さんと過ごした時間の中で、本当に大事なものは目に見えないのだと学びました。安心感や信頼、絆・・・。小松さんと同じ時間、場所で過ごせた私は幸せでした。

ありがとう。もう1度会って話がしたかった。もっと早くお礼を言っておけばよかった。

小松さんがくれたものを大事に、生きていきます。

私は酒を止めたら、臆病で、不器用で、格好悪くて…ヘタレそのものです。でも、このまま、その場で足を踏ん張って、その場に居続けます。

小松さん、赤ちゃんと神様のもとで安らいで下さい。

小松さん家族の幸せを祈ります。　　　　　　　　　　　　（はるか）

「こまっちゃん、大好きだよ！」

私はまだ、小松っちゃんの事を受け止められずにいます。

7年前、母と共に札幌へ来た時、雪に足を取られて小松っちゃんの車の下へ滑り込んでしまい、慌てさせてしまいました。「リカバリーハウスそれいゆ」に入所後、万引きが止まらずに警察がハウスへ来てしまった時、一緒にお店に行って謝罪してくれました。

スタッフの方なのに「皆に小松っちゃんて呼ばれてるからそれで良いよ！」と言ってくれました。何時も対等な関係で居てくれました。

「こうなっても、小松っちゃん知らないよ〜」と言われても、私は失敗を繰り返して落ち込み、やらかす度に自腹で外食に連れて行ってくれました。誕生日には好きな食べ物を予測して作ってくれました。注意

する以上に頑張った時は褒めてくれました。小松っちゃんに言われて、自分が醜形恐怖症だと分かりました。「好きだよ～」というと、ニコニコしながら「ありがとう」と言ってくれました。

　小さいのに逞しくて、とても愛情深い人でした。居てくれるだけで安心出来ました。怒りを初めて出した時の「怒れるようになって良かったね！」という言葉と、今より経済的にカツカツだった入所時に「この生活は何時か身になるからね。」とハグしてくれた事、凄くよく覚えています。他にも思い出す事は山ほどあって。

　書いてて泣いてしまいそう。

　本当に、本当に沢山の愛を有難う御座いました。大好きだよ、小松っちゃん。　　　　　　　　　　　　　　　　　　　　　　　　　(S)

[No.51　相談支援事業所を開設しました] ── 2016年11月発行

　2016年はいつもより時間が早く流れている？　いやいや、私の時間感覚が誤作動を起こしています。札幌はいつもより1ヶ月ほど早く初雪の日を迎えました。今のところ積もるような雪はないですが、その分寒さが一段と強く感じられます（雪が積もると、不思議と暖かく湿った空気のせいで、むしろ寒さが気にならなくなります）。みなさまいかがお過ごしでしょうか。

　さて前回のニュースレターをお届けしてからどんなことがあったのか、手帳をひっくり返しながら振り返ります。

　6-7月は大嶋と梶間の2名で相談支援専門員研修を受講。5日間法人での仕事を調整するのはなかなか大変です。相談とは、から始まる研修ですが、社会福祉士・精神保健福祉士の国家資格所有者はすでにこうした基礎をしっかり修めてくるはず。せめてこのあたりの事情は配慮されてしかるべきと感じました。しかし収穫は身体障がいや障がいを持つお子さんの支援など、日常業務で馴染みの薄い領域で働く方たちとグループワークなどを通じて情報交換できたことでしょうか。8月には無

事札幌市より認可をいただき、『相談室それいゆ』が事業を開始しました。とはいっても、「それいゆ」利用者さんの計画相談が今のところは主な業務です。札幌市では障がい福祉サービスの利用者の大半が計画相談ではなくセルフプランという実情ですが、今後は地域生活の全般的なコーディネイターとしての相談事業が重要性を増していきます。『相談室それいゆ』は、計画相談だけでなく精神科病院や矯正施設からの地域移行に関しても力を入れているところです。関係機関の方々にも存在を知っていただき、活用していただけたらと思っています。

　8月は夏休みを5日間挟みましたが、畑作業に精を出しました。今年は天候不順、雨が続いて作付けが遅くなってしまいました。初めてリーフレタス、ブロッコリーなども作ってみましたが、「本当にできた！」という感じです（笑）。雑草取りがいつも大変ですが、メンバーたちは夕方の暑さがひと段落してから作業開始です。夕方までに気持ちを作業に向けて整えるのは、簡単なようで案外と難しいのですが頑張りました。収穫された野菜たちはお弁当作りに生かされ、「美味しかった」と喜ばれることがまた、作業にかかわるメンバーたちの励みともなっています。

　9月には札幌で薬物依存症者の自助組織であるNA（ナルコティクス・アノニマス）のコンベンションが3日間開かれました。実はこのイベント、実行委員長が「それいゆ」のスタッフでもあるしほちゃん、そして主だった実行委員を「それいゆ」メンバーが占めていたという事情もあって、とても大きな出来事でした。なにしろ準備にかかる時間とエネルギーは大変なものらしく、「それいゆ」でのお仕事と並行しておこなうのが側から見ても顕著です。終了したらそれこそバーンアウト（燃え尽き）しないか心配しましたが、それぞれが大きな崩れもなく乗り切ったことに、彼女たちの変化と成長を感じました。

[No.52　急がば回れ！]　　　　　　　　　　　2017年1月発行

　法人が東区に事業所を移転してから、3回目の冬を過ごしています。

今年は2度の大雪で11月からしっかり"冬"を体験させられ、1月は最高気温がマイナス5度前後の日が続き、さすがに北海道生まれの私もいささかげんなりといったところです。みなさんが暮らす地域では、どんな冬をお過ごしですか。

年賀状にも書いたのですが、今年は「それいゆ」が開設されて15年の節目となります。最初はグループホームと作業所の2つから始まり、現在はグループホームが2つ、就労継続支援B型、相談支援事業所と4箇所を運営するまでになりました。そして、現在は宿泊型自立訓練（生活訓練）施設と、通所型の自立訓練（生活訓練）施設を新たに開設

流れ流れて回復・成長

摂食障害者の自助グループNABA代表　鶴田　桃エ

　私たちの仲間「イカあっこ」との出会いは、2003年に大嶋さんを講師に招いて開催した「NABA全国出前 in 札幌」の場。参加者の一人だった彼女は、驚いたことに、その後すぐに北海道から上京。NABAの近くに住んで入り浸りだった。「アッコ」と名のる仲間が多い中、函館出身ということから、「イカちゃん」の愛称で呼ばれていた。

　当時の彼女の逸話を少々。例えば、メンバーたちが終電まで必死に作業し「さぁ帰ろう」というタイミングで、それまでグースカ寝ていた彼女がムクッと起き出し、「夕飯食べる」と言って、大きなおにぎりをムシャムシャ食べだす。親の仕送りを丸々ビーズアクセサリーの材料代に使って、そのアクセサリー作りも数日で投げ出す。仲間との関係でドタキャンをくり返し、私も昔の自分を棚に上げて呆れることしばしばだったが、憎めない愉快な仲間だった。しかし、変化のきっかけがないまま数年たち、彼女は東京の他の施設につながり、程なく、NABAに来る前に少しだけ通っていたそれいゆに戻っていった。当時の私は、彼女がそれいゆにつながりなおしたことを喜びたい反面、「NABAでは彼女の力になれなかった」と複雑な思いがあった。

　月日が流れ、2014年にまた札幌でイベントを開いた際に、イカちゃんと再会することができた。例のビーズがきっかけとなり、それいゆでアクセサリー作り

すべく、その準備を進めています。いろいろな出会いと志をもつ方たちの協力で計画はまさに動き出そうとしていますが、多くの難問にもぶつかっています。そういうときは、ともすれば特定の資源や専門家に判断を任せてしまうことが起こりやすいと感じます。法人はこれまで建物にまつわることでの苦労が多かったために、新しい施設を建設するという大事業を前にして、自分たちの専門性とは全く異なる事柄の多くに、正直な気持ちをいえば弱音ばかりが出てしまうのです。日常業務に忙殺され、一方でさまざまな判断を迫られる毎日のなかで、本当に大切にしなければいけない法人の初心や理念からずれてしまう決定をしそうになっ

が始まったということだった。「人生、何一つ無駄なことはい」というが、当時の彼女の買い物依存がこんな形で役にたったとは!! 更にごく最近では、2018年「全国出前 in 札幌」で、彼女に体験談を話してもらうことができた。今では、それいゆでピアスタッフをし、摂食障害のミーティングも開催していると知った。東京から出向いた仲間がイカちゃんの昔の話を向けると、「東京はつらかった。何も覚えていない」と言いつつも照れながら、一緒に笑えたこと、そして、離れて行った仲間たちとの再会を素直に喜べるようになった私自身の成長を感じ、嬉しかった。

　長く活動していると、残念な形で関係が途絶えてしまった仲間もいる。アディクションの世界ではかつての私同様に、自助グループや施設から人が離れたり移ろうことを残念がったり、時には腹だたしさを感じる方も多いと思う。ただ、「女性は、流れ流れて回復し成長していく。そして居場所を自分で作ってゆける」という実感を、大嶋さんたちと共有し、確かめ合ってこられたと感じている。そのプロセスの大切な場として、15周年を迎えたそれいゆがあり、NABAもそうあり続けたい。

　最後に、「良い子病」と言われながらも、めんどーくさい、タチの悪い摂食障害者へのご支援・お付き合いに心より感謝し敬意を表します。そして、これからもよろしくお願いします。ただ、締切り1週間前にこの原稿を「光栄です」と喜んで引き受け、書きあげた私・桃エは、やっぱり「良い子（病?!）」でしょ。そこんとこも、よろしくです（苦笑）。

ている自分にはっとしました。NPO法人リカバリーは、女性が生きやすい、安心できる空間を提供するためにいっぱいこだわってきました。そのこだわりと現実は、しばしば折り合わないことがあります。でもやっぱりそのこだわりなくしては「それいゆ」でなくなってしまう。

　「急がば回れ」――どうしても譲れないものと現実の落とし所を求め、今年もゆっくり、全力疾走でいきます。クラウドファンディングで資金集めもしなくてはいけないであろう2017年。みなさんのお知恵もいっぱいお貸しください。今年もどうぞ、「それいゆ」をよろしくお願い申し上げます。

[No.54　2017年を振り返って]　──────── 2017年12月発行

　今年も年末恒例の1年を振り返る時期となりました。前号でステップハウスの火事についてようやくご報告したところですが、もちろん2017年はそれ以外にもいろいろなことがあった1年です。今号では、メンバーとスタッフそれぞれに次の3つの質問に沿って2017年を振り返ってもらい、記事を書いてもらいました。

　1、印象に残った出来事
　2、自分のなかで変化を感じたこと
　3、来年に向けての宿題だと考えていること

　ですので、私もこの3つの問いに応えるように2017年を振り返ってみようと思います。

　まず印象に残ったことというより、驚きと哀しみの深い事としてステップハウスの火事があります。まだ完全なる収束とはいきませんが、それに向けて改修工事が急ピッチで進んでいます。実は新たな施設の建設を検討していたところに火事がありました。そのためすべての計画が白紙となったのですが、私にとってこの出来事は大きな啓示にもなりました。というのは、これまでも引き受けてきた重複障害の利用者像がさらに変化を見せているなかで、自分たちが付き合える範囲を再考する必要があると、火事は教えてくれたように感じます。その一方で、メン

バーたちが火事による大きな影響を受けながらも、他者へのまなざしや配慮を育てていることに驚きました。今までは自分のなかにある恐れや不安にしか目を向けられない人が多かったように思います。自分を相対化するには、当然ながら他者とのつながりが必要なのですが、そうした他者を人生の早期に失った人が多いので、不幸な出来事ではありますが、メンバーが安全や親密さのなかに自分を相対化する他者を育くんでいることの確認ができたのは新鮮でした。しかし運営しているグループホーム火事という事実は、来年度以降に大きな宿題としても残ります。再発をどう防ぐのか考えなさい、その答えを出しなさい、と言われていると感じています。

　次に自分のなかで2017年は、これまで以上に見聞を広める年でした。3月には3年間にかけて取り組んだ厚労科研の報告書を刊行しました。また上岡陽江さんとともに韓国へ招かれ、女性が受ける暴力とその後の生活における困難に関して研修講師を務めました。5月には共同通信社からの依頼で、社会学者である上間陽子さんの著書『裸足で逃げる』の書評を書かせていただきました。そして8月からは障害福祉関連の雑誌である『コトノネ』にて連載のページをいただくことになり、「カフェそれいゆの窓から」と題して、私たちの周辺で起きる出来事などについて発信をしています。また昨年度に引き続き、札幌市男女共同参画会議の審議委員として「男女共同参画さっぽろプラン」の策定に関して意見を述べました。私にとっては依存症臨床だけでなく、ジェンダー論と交叉するところで見えてくるさまざまな現象を読み解き、周囲の方々が理解を広げていくことに寄与できるこうした活動は、何より嬉しいことです。10月には副会長を務める日本アルコール関連問題ソーシャルワーカー（ASW）協会の全国研究大会を札幌で開催し、ナラティヴアプローチや当事者研究、そしてハームリダクションといった、援助者にとっては今後必須となるコア概念を取り上げることが出来ました。そして11月には、第7回北海道アディクションフォーラムの開催もありました。今年は300名近い参加者が会場を埋め尽くし、その数にびっくりしまし

た。社会の周辺に追いやられがちな人たちが、お互いの違いを超えてつながろうとするこの集まりでは、さまざまな人たちによって実行委員会が形成されます。私は実行委員長としていつも言いたい放題です

生活に密着する場としてのそれいゆ

原宿カウンセリングセンター　信田　さよ子

　それいゆの開設１周年に際して、上野千鶴子さんと初夏の札幌でトークをしたことを懐かしく思い出す。もうあれから15年が経った。わが身を振り返れば「原宿カウンセリングセンター」を立ち上げてから23年目を迎える。その歳月は大げさに言えば、ちょっとした奇跡である。大嶋さんが還暦？と驚く私だって、古稀をはるかに過ぎた年女だ。向こう見ずに何の保証もない世界に漕ぎだし、女性たちと手を携えてここまで来たこと、"やるしかない"という切迫感に後押しされながらも、根拠のない自信に満ちていたこと。勝手な想像だけれど、私と大嶋さんに共通していたものはとても多い気がする。大きな違いは、カウンセリングはクライエントに来談してもらい言葉を媒介にすることで成り立つ非日常的活動であるのに対して、「それいゆ」は日々の生活を基盤としていることだろう。

　アディクションから学んだことのひとつが、依存症者は援助の場によって違う姿を見せるということだった。そして、回復とは長いスパンで、根気よくかかわり続けなければならないことも教えられた。だから同業者である心理職のひとたちが、自分の見たクライエント像を唯一のものとしてとらえることに不遜なものを感じてしまうのだ。

　大嶋さんに会うたびに、当直をこなしながら生活に密着して援助を続ける姿勢に圧倒されてきた。でも、それは幸せな瞬間でもある。生活から遊離した非日常的カウンセリングと生活に密着したソーシャルワーク的援助との明確な違いが、むしろ互いの結びつきを強化するのはなぜだろう。たぶんそれは、大嶋さんも私も女性であり、小さいながらもひとつの組織の責任者であるという当事者性を有しているからだ。その言い尽くせない苦労は、多くの女性アディクトや被害女性たちと連なっているに違いない。

　原宿と札幌は遠いけれど、これからもゆるやかに、多層的につながっていきたいと思っている。大嶋さんの、還暦を起点とした新たな発展を祈っています。

が、実行委員それぞれが持ち味を発揮して委員長の無茶振りにも答えてくれて、今年も盛会に終える事が出来ました。このように振り返ってみると、今年も本当に多くの人たちに支えられていたと感じます。

最後に来年にむけた宿題について考えてみます。先ほど触れたように、利用者像の変化だけでなく法人が掲げてきた運営の理念と現実のニーズとを、どのように考え合わせ実現するのか。まずはそのことに手をつける必要があります。せっかく具体的な課題を与えられたのですから、一緒に働くスタッフ、そして「それいゆ」のメンバーとともに考え、試行錯誤をしていきます。そしてその途中経過を、随時みなさまにお伝えしていきたいと思います。

次に最近よく考える事ですが、自分がやってきたことをどのように次の世代へ渡していくのかを意識したいです。私はいつも困難を抱えたメンバーたちが求めていた事から出発して、自分ができる事は何かと問いながら今に至るのですが、それを言葉にするのは難しいです。また言葉で伝わるのかという、それこそ根源的な問いもあるのですが、それでも言葉にして残す必要を痛感しています。今までまとめたささやかな知見を出版してくれるところが決まりましたので、来年は書籍化に向けて頑張りたいと思います。このようにつらつらと問いへ応えるように2017年を振り返ってみると、実は今年もあながちひどい1年ではなかったという気持ちに至ります。確かに辛く大きな試練は与えられましたが、それも必要なものであったと思えるのです。

前回のニュースレターでステップハウスの火事についてお知らせし、その後多くの方からお見舞いや寄付をいただきました。改めて私たちの活動が多くの賛助会員、そして関係機関の方々に支えられている事を感じています。また、今回の出来事を通じて、初めて法人にご寄付いただいた個人や団体の存在にも勇気付けられています。みなさま、本当にありがとうございます。そして、来年もまた「それいゆ」ならではのユニークかつ面白さの溢れた活動報告をしていきたいと思っています。

最後になりますが、みなさまにとっても2017年が穏やかで平安なも

のに終わりますようお祈り申し上げます。

＊生きていく大変さに変わりはない

　2016年8月に相談支援事業所「相談室それいゆ」を開設しました。この時の巻頭言では「自立生活訓練支援施設（宿泊型・通所型）」の新設について触れていますが、翌年のステップハウスの火事で挫折しました。今思うと、結果としてはこれでよかったと思っています。第3章で触れたように、利用者層の若年化と多様化が進むなかで、グループホームという支援以上の手厚さを必要とする人を受け入れられる枠組みとして「自立生活訓練支援施設（宿泊型・通所型）」を考えたのです。利用定員は10名以上となっています。

　また、私は2015年から女子刑務所で非常勤の仕事を始めましたが、地域福祉の常識は塀のなかでは全く通用しないことを知りました。そして、居場所と困難さにマッチした支援がないために、再び犯罪を犯す人がどんなに多いかを知りました。彼女たちの傷つきを少しでも減らす（ハームリダクションです!）ことも考えて、新しい居場所が欲しかったのです。

　しかし2017年5月の火事がすべての計画に待ったをかけました。アディクションの世界で使われるいくつかの理念に、「必要なものは与えられる」、「ハイヤーパワーの計画」というものがあります。自分がやろうとしていることが、まだその時期にないとき、あるいは自分の力を超えている場合に、その計画は潰れていくというものです。ステップハウスの火事を起こした本人は、薬物依存症だけでなくその前提として発達障害を抱え、そうした重複障害によって引き起こされる困難さが、最も悪い形で出たものでした。言い換えれば、利用者層の若年化と多様化とは、想像以上に私たちの支援の質を問うもので、今の状態では10名の利用者を抱える場所を運営するのは無理だ、そう言われたように感じました。

　また若年化する利用者と付き合っていると、その親世代が抱える課題も見えます。親が未治療のアディクト（依存症者）で、家庭内の安全が

機能しないのが当たり前のなかで育っている人がいます。あるいは表面的には整った家庭に育ち、精神疾患や障がいは「あってはならないこと」と否定されるか「乗り越えるべきこと」と叱咤され、自分を見失っている人がいます。本人たちも大変ですが、実はその親世代も苦しんでいるのではないかと思います。しかし、苦しい、辛い、と感じないようにして課題を先送りにしています。しかし、その思いがなくなるわけではない。そう考えると「困っている」と感じることは"ちから"であり、必要な援助とつながっていくのは、"生きる術"だと思います。

　ネグレクトを含めた虐待などの理由で親世代との交流が絶たれることは、「自分から始める」つまり、自分で自分を生きていくことになります。就学や就職、アパートの契約など万事において保証人を欠く厳しさに晒されます。かたや親世代の呪縛のなかで生きる人たちは、周囲から「恵まれた環境にある」とみなされ、なかなか本当に必要な支援が届きません。辛いということは、親を否定することになります。それは許されないと感じるそうです。そのぶんの怒りは「他の人と同じように出来ない自分」へと向かい、さらに辛さは増すという悪循環に晒されます。

　このように考えれば、この社会で、実は誰もがある意味で"当事者"であり、多くの困難に直面しながら生きています。だとすればそれを否認するのではなく、向谷地さん（北海道医療大学教授／浦河べてる）が指摘するように「自分の助け方」を仲間の中で見つけていくほうが生きやすい。「それいゆ」はこの時期から、さらに混沌としていきます。

＊援助者はどこに立つか

　法人は2014年から常勤スタッフのなかに初めて当事者（ピア）スタッフを迎えました。設立から12年が経過していて、現在は2名の常勤、1名の非常勤がピアスタッフとして勤務しています。橋本さんがコラムで書いてくれたように、「それいゆ」は本当にいつも人手が足りません。暮らしに密着した援助は、その守備範囲が広いだけでなく、状況を読み解く力と、場を開き維持する力など、総合的なソーシャルワー

クの力が求められます。また精神医学的な臨床力も必要ですし、何より「それいゆ」の強みはジェンダーの視座に援助者が立つこと、つまり一見個人的な課題に見えることこそ、構造的に"創られたもの"であるとして捉え、支援を組み立てられることにあります。しかし、言うは易し、行うは難しです。専門家養成の過程を終え国家資格を得るのは、そのスタートに立つことに過ぎず、そこからの学習と実践的な訓練の積み重ねがプロとして終生続きます。

　一方でピアスタッフの強みは、自身の体験を通過させた回復の知恵と、自助グループにおける仲間とのつながりです。「正直であること」

今ここに、共に在るということを寿ぐ　　萌クリニック　早苗　麻子

　大嶋さんから原稿を依頼され、何を書いてもいいと言われたので、この15年という時間に何が起こったのかを書くことにしました。

　私は、10代後半の頃、よく悪夢にうなされていました。どんな悪夢かというと、人を殺（アヤ）めてしまって、アァどうしよう、取り返しがつかないことをしてしまった、悔やんでも悔やみきれない、ともがき苦しむ夢。誰を何故殺めたか、などという前後はないのです。ただ、取り返しがつかないことをしてしまった、と悔やむことから始まる夢で、本当に苦しかったです。

　目が覚めても暫くは、暗〜い気分が続きます。しばらくして、アァあれは夢だったのだ、と安心はするのですが、そうなればそうなったで別の苦しみが出てきます。こんな夢をみるということは、表面上は普通の人を装っているけれど、本当の自分は異常な人格を持っているのではないか、という不安でした。だから、そんな夢を見ることは、家族にも友人にも話せませんでした。本当の私が知られたらどんなに軽蔑されるだろう、というのも怖かったし、自分が一番怖かったのです。

　ところが、20代になってパタッとその夢をみることが無くなったのです。どうして見なくなったのだろう、と不思議でしたが、しかし、自分の中で何かが変わって、それ以降夢で苦しむことがなくなりました。それが何だったのかが、よく思い出せないのですが、「私はこの人が嫌いなんだ」とわかった瞬間が、悪夢を見なくなった境い目だったように思います。

「心を開くこと」なしに、援助者としてメンバーに向き合うことは難しくなります。また自分がわからないこと、出来ないことを知っていて、それを受け容れられるのも重要です。「それいゆ」で仕事をするうえで、共有すべき知識はありますが、それ以上に重要なのは、自分にとって信頼できる仲間を持っていることです。それは、人を遠ざけ、信じることが苦手なメンバーに対して、「回復を信じる」ことを自分自身が実践して示すことにつながります。

第1章で立ち上げの背景にあった、アルコール依存症者の社会復帰施設における、私自身の苦い体験について書きました。「当事者と専門職

もちろん、それまで好きな人も嫌いな人もいたのですが、この時は、嫌いになりたくない人への「嫌い」という感情です。複雑ですね。「嫌い」という感情を持ってはいけない人への「嫌い」だったので、嫌いだなあ、という気持ちを押し殺していたのでした。

不思議なもので、自分の中に湧き起こる陰性の感情を認めるようになると、逆に、その感情にとらわれなくなりました。また、自分も嫌われることが、そんなに怖くなくなりました。

その後、いかなる感情も大切な感情であり、自然な流れだと思えるようになったし、自分の中に湧き起こる陰性感情（特に嫉妬とか妬みとかの感情）は、抱え持つことは辛いが、自分自身を知る良いチャンスだということもわかりました。

さて、悪夢を見ることはなくなり（違う悪夢は見ますが）、こんな夢を見ていたということを話す必要もなくなりましたが、こんな夢を見てたんだよ〜、と人に言うのは、今が初めてです。この15年という時の経過の中で言えるようになりました。時の経過というのは、その間に同じような秘密を持ってる人に出会い、私だけじゃなかったとわかることもあるし、何十年と無事に過ごして来れた、という実績も、自分がこれ以下でもこれ以上でもない、という諦めと落ち着きが得られたからでしょう。

本当に大切なことは、なかなか言えないし、言えるまでには時間がかかる、ということです。

皆さまも、ゆっくり変化して行って下さい。

はともに働くことができるのか」という問いに、私はいま、それは可能だと答えます。ただし、お互いに抱える当事者性からの回復過程を、丁寧に歩む必要があるという但し書きを添えたいと思います。

＊「それいゆ」のこれから

　開設して1年、そして10年の節目に、敬愛する上野千鶴子さん（社会学者・認定NPO法人WAN理事長）と信田さよ子さん（臨床心理士・原宿カウンセリングセンター所長）のお二人に、鼎談していただきました。2003年は、お二人で出版された『結婚帝国―女の岐れ道』をテーマに、そして2012年は「婚活・非婚・バツイチ～結婚難民のゆくえ」というテーマで鼎談が行われ、会場を埋め尽くした参加者から大きな反響をいただいたのが、つい昨日のようです。日本はようやく、母が重たいとつぶやける、そしておひとり様で最期を迎えることは決して怖くないと話せる社会になりました。しかし、相変わらず暴力はさまざまな形で根を張っています。

　"火中の栗を拾う"という言葉がありますけど、自分ではこんな大変なことになるという自覚がなく、ここまできました。何度も言いますが、常にお金がなくて、あるのは「善き人」とのつながりでした。そしてお金にならない支援が、随分あったと思います。しかし時代はようやく、私たちが持ち出してきた支援に、財源をつけるようになりました。きっと誰かがやってこなければ、"お金になる"ことはなかったでしょう。そうやって「それいゆ」よりもさらに前に、地域社会で地道に「行き場のない人」たちを支える実践があり、先達が道を切り拓いてくれたことに感謝です。

　ところが"お金になる"ことに、群がる人も出てきました。そして支援の場に市場原理が侵入すると、「お金にならない」ことは取り残されるようになります。「誰かがやらなければいけないこと」は、本来なら「公」のしごとですが、それを「民」に押し付けると、いつの間にか大事なことの根っこが腐っていきます。その現実を、目の当たりにしてき

た15年でもありました。

　私は精神科医療からキャリアをスタートし、フェミニスト達に導かれ、自分の専門性を磨いてきました。その途上でアディクションの問題と出会います。そしてその背景にある暴力被害と再会しました。多くのパズルのピースが、次々に埋まっていき、現れたのは社会から疎外され、周辺に追いやられる人たちの姿でした。これからも「それいゆ」はきっと貧乏が続きます（残念ですが）。現在、目の前には「朝起きて、夜は寝る」のが難しい人たちがいます。自分に何が起こっていて、どうしたいかを伝える言葉の極めて少ない人たちです（絵文字は得意です）。まずは彼女たちと向き合うための"ことば"を、一緒に耕す必要があります。「それいゆ」にはお金こそありませんが、日本で最も困難を抱え、支援を必要としている人はたくさんいます。それが財産です。そして「それいゆ」で働く私たちは、その財産からたくさんのことを学び、笑ったり泣いたりしています。それは人から見ると恐ろしく大変なことかもしれませんが、当の本人達は案外楽しいのです。そうでなければ、きっと続けられなかったでしょう。

　例えばここから15年先、どんなことが待ち受けているでしょう。多分問題だらけの「それいゆ」は相変わらずで、それでもメンバー達と泣いたり笑ったりしながら、地域のなかで生き続けているに違いありません。

裸足で逃げる

上間 陽子 著

生き延びるための語り

書き残されなければ、忘れ去られる物語がある。本書は、沖縄で2012年から16年にかけて行われた調査を基にしたノンフィクション。調査の対象は、風俗業界や援助交際に携わってきた10代から20代の女性たちだ。

どのように大人になったかをたどった彼女たちの語りには、これでもかと繰り返される暴力が登場し、出口がないように見える。まさにタイトルそのままの切迫した状況が、事実としては淡々と語られる。人は誰もかけがえのない存在だという、あるべきはずのものが欠落した中で、彼女たちは時に、社会的には眉をひそめられるような方法も選びながら、その場を必死に生き延びていく。

女性たちの語りはどれも短い。言葉にすらならないものを含めて、筆者は丁寧にすくい取り、静かに彼女たちに投げ返し、語りを紡いでいく。しばしば筆者が彼女たちを車で送り届ける場面が登場するのは、遠回りしてドライブする時間の中に、向かい合わせではなく、横に並ぶからこそ受け止められるものがあるからだろう。

こうしたたたずまいは暴力にさらされてきた人のそばに立ち続ける人だけが持ち得るものだ。時には暴力の関係にとどまろうとする彼女たちの選択に憤りながらも、そうなってしまう必然に気づき、筆者は調査だけでは終われない状況へと踏み出していく。

起こった出来事がどのように過酷であったとしても、それを誰かに語ることで、生き延びた自分の物語として受け入れる。そこに筆者は希望を見いだす。同時に本書は、私たちにも、自分の住む街で聞き手を求める人の存在について想像するよう語りかけてくる。

風俗業界で働きながら幼い子供を育てること、さりげなく隠されたアザやリストカットの痕。どの場面でも重要なのは、暴力を読み解くリテラシーだ。本書は、共に彼女たちのそばに立つ人を増やすための、重要なテキストになるだろう。

（大嶋栄子・NPO法人リカバリー代表）

（太田出版・1836円）

共同通信社配信 ──さまざまな新聞でとりあげていただきました

『裸足で逃げる』上間陽子著

2017年3月26日（日曜日）
下野新聞
東典日報
山陰中央新報

2017年4月2日（日曜日）
中國新聞

論考

「その後の不自由」を生き延びる
大 嶋 栄 子

はじめに

　2010年に上岡陽江さんとの共著である『その後の不自由』を上梓してから、5年が経過した。アルコールや薬物といった気分を変える物質へのアディクション（嗜癖）をめぐる状況は、少しずつ変わり始めている。2013年12月には「アルコール健康障害対策基本法」が制定され、日本はようやくアルコールがもたらす負の側面に向き合おうとし始めている[1]。また覚せい剤に関しては使用と所持で服役していた人の刑期を一部猶予し、社会内での処遇を通じて再犯防止に努めようとする法律が、いよいよ具体的に実施されようとしている[2]。しかし何にせよ、何かにコントロールを失い生活が破綻する状態を、個人の問題という文脈に帰納させる基本的なスタンスに、大きな変化はないように思う。飲酒運転によるひき逃げが報道されれば加害者は当然「とんでもない奴」でやり玉に挙げられ、女性刑務所に覚せい剤の使用および所持で何度も服役する人は「懲りない人」で、「人生が終わってる」と蔑まれる。とんでもなく、どうしようもないことであればあるほど、世の中的には自分に関係のないこととして片付けられる。『その後の不自由』で描きたかったのは、そのとんでもなく、どうしようもない行動の背景に多くの暴力被害があり、その痛みから逃れる自己治療的選択としてのアディクション（嗜癖）があったという「もう一つの物語」だった。本稿では、その後彼らがアディクション（嗜癖）を手放して「今も続く不自由」を、どのように生きようとしているか、その回復のプロセスについて述べてみたい。

NPO法人リカバリーの実践から

　私は2002年から、さまざまな被害体験を背景に持ちかつ精神疾患や障がいを抱える女性を支援するNPOを主宰している。開設当初と比べ

利用者の年齢はどんどん低下する傾向にあり、アディクション（嗜癖）の対象も物質から自傷やインターネットなどへと多様化している。命の危険を心配するような激しい薬物使用は影を潜めたが、アディクション（嗜癖）から離れると、抑うつ感や意欲低下が続き、変化への動機付けが低いというのが特徴である。支援に対して従順だが、受動的であり他人任せ、何に対しても期待するといったことは少なく、自分の内側から希望を紡ぎだせない印象がある。

彼女たちがグループホームを利用する場合、入居当初は「場の安全性」を最優先とし、「丁寧な暮らし」をできるように励まし、支えるのが中心である。具体的には衣・食・住、つまり（1）季節にあった服装をする（身体感覚の過敏さまたは鈍感さゆえに、季節や外気温とマッチングしない服装となりがちである）、（2）提供される食事をきちんと食べる（そのためには朝起きて夜は眠る、日中活動が適度に行われ「お腹がすく」という実感が前提となる）（3）自分の居室や共有スペースを整える（ゴミが捨てられず溜め込み、洗濯物が散乱するといった汚い部屋か、物の整理整頓に特別なこだわりがある部屋といった極端な傾向がある）、という「当たり前の暮らし」とは何かをスタッフ自らも実践し、入居者に示すことをおこなっている。

また法人では日中活動の場として就労継続支援B型（非雇用型）事業所を運営、プレ就労の場として住宅街にカフェを開いている。私たちの目的は、利用者の生活、あるいは人生（Life）に、彼女たちが働くことをどう位置づけていくかを利用者が主体的に考え、プログラムに参加しさまざまな体験をし、また社会のなかで起こっていることを知らせ、結びつけるなかで、最終的に自分が社会に参加する形（障害非開示での一般就労、障害開示での一般就労あるいは就労継続支援A型への就労、障害非開示でのアルバイト就労、有償ボランティア活動など形はさまざま）を選んでいくことである。そして暮らしのなかに仕事だけがあるのではない、それ以外の場がどんな形で作れるのかも重要だと考えている。「それいゆ」から送り出した後も、利用者同士が緩やかにつながり、あるいは節目にスタッフと現在の課題に関してフォローアップの支援を受けることで、生活全体の安定と充実が見られるよう息の長い支援を続

けている。

　暮らしの場であるグループホームと、日中活動から外の社会へつながる場所である就労継続支援事業所は、それぞれに支援の目的と目標を携えている。スタッフはその場で起こる出来事を理解し判断しながら利用者の支援にあたるが、切れ目のない一貫したものとなっているかが重要である。また法人はジェンダーの視点から現象を理解することに力を入れている。「個人的なことは政治的なこと」というフェミニズムのスローガンは、この社会で女性がさらされる多くの不平等が、一見個人的な出来事として片付けられるがそうではないことを示している。利用者の多くが体験した暴力被害もその一つだが、彼女たちが二度とそうした経験をしないためには、自分たちに保証されている権利について学ぶことなど、従来の支援ではあまり重視されてこなかった面にも目を向ける必要がある。生活を支えるとは実に多面的かつ複合的な視点を必要とする。

回復のキーワードは「身体」と「親密圏」

　法人を立ち上げて以来、私は特に女性嗜癖者の回復過程について研究をおこなってきた。博士論文として研究成果をまとめたが、フィールドワークやインタビュー調査の分析、法人における実践の記録などから、回復するとはアディクション（嗜癖）が止まることとイコールではないことがわかった。自分が生きていることを肯定的に捉えるために必要な、「身体」へのまなざしが生まれること（自分の身体を感じることが起点となる）、「身体」を手当てし、「身体」を受け容れていくことなど、「なかったこと」になっていた自分の「身体」を取り戻していくプロセスに注目する。もう一つのキーワードは「親密圏」という耳慣れない概念である。政治思想・政治倫理の研究者である斎藤によれば、親密圏とは「具体的な他者の命／生命—特にその不安や困難—に対する関心／配慮を媒体とする、ある程度持続的な関係を示すもの」と定義される[3]。アディクション（嗜癖）を手放す際には、「酔い」という形で感じないようにしてきたさまざまな痛みが再現される。その苦しさ、怖さを抱えながら生きるためには、「人のなか」にいることが重要となる。一人ではおそらくこうした苦しみに押し潰され、結果として再度「酔い」のな

かに戻ってしまう。斎藤は社会から排除され居場所を失いかけた人たちが自発的に集まりながらも、その場から退出の自由が保障された空間に宿る、他者へのまなざしや関心がその人の生を支えるとして、これを従来の家族とは切り離す形で「親密圏」と呼んだのだが、アディクション（嗜癖）からの回復過程には多くの親密圏が存在する。回復の初期には、ダルクやマックといった当事者主体で運営される社会復帰支援施設があり、シラフでは生きづらいその後も、AAやNAなどの自助グループにはその人の居場所が用意されている。そして回復が進むにつれて、治療や援助とは無縁の場で出会う新しい関係性が、彼らにとっての「親密圏」となっていく。そのような関係性の広がり、深さは、人に傷つけられてきた彼らにとって未知の領域であり、それ自体が大変危険なものに感じられる。従って回復はこうした複数の親密圏を渡り歩き、あるいは行きつ戻りつしながら、親密圏の捉え方や作り方が変化していくことによって捉えられる。

　年々、支援の期間が長くなっている。戻るべき社会には、安全性が保障され、柔軟で風通しの良い親密圏が乏しいと、彼女たちが察知しているとしか思えないことが多い。希望が自身の中から紡げないという彼女達の現実を前に、「それでも希望を」というための前向きさは、援助者にも多くのつながりがあり、支えがあることの中からしか生まれないと考えている。

（Endnotes）

1) 基本法に基づき、国は現在関係者及び識者による3つのワーキンググループを作り、基本計画を策定中である。
   詳細は内閣府HP　http://www8.cao.go.jp/alcohol/を参照。
2) 薬物事件を起こした受刑者を対象に、刑の執行を一部猶予し早期の社旗復帰を促すために、「薬物使用等の罪を犯した者に対する刑の一部執行猶予制度」が2013年6月に公布され、3年以内に実施されることが決まった。
   詳細は　http://law.e-gov.go.jp/announce/H25HO050.htmlを参照。
3) 斎藤純一（2003）「第9章　親密圏と安全性の政治」　斎藤純一編『親密圏のポリティクス』ナカニシヤ出版　211-236.

初出：『ヒューマンライツ』2015年11月号（332号）

ジェンダーをめぐる当事者研究

特定非営利法人リカバリー

大 嶋 栄 子

当事者研究が始まるまで

　私たち「リカバリー」が当事者研究をプログラムとして始めたのは，2005年からである。2002年の開設からそれまでは，SSTをおこなっていた。当時は精神障碍者小規模作業所という位置付けで，通所者も7〜8人というこじんまりしたものだった。「リカバリー」は「さまざまな被害体験を背景にもつ女性の福祉的支援をおこなう」ことを運営の理念として掲げている。当時，利用者は30代が中心で，アルコールやそれ以外の薬物，摂食障害などさまざまなアディクションを抱えていた。そして彼女たちは親や恋人など親密な関係にある人から暴力を受け，"生き延びるために"強烈な酔いを必要としていた。

　しらふの生活が始まると，彼女たちの多くが「人が怖い」と訴えた。加害者はいつも彼女たちがなすこと全ては間違いであるというメッセージを，身体の隅々にまで行き渡らせる。そのため自分で感じることをそのままに認め，自分で考え，そして自分で決めると間違いを犯すといった刷り込みに縛られ，今は暴力的関係から離れていても，自分の意志で行動することが難しい状態にあった。目の前の人が何を望んでいるかに応えようとするあまり，自分が置いてきぼりになってしまう。何度もSSTで場面設定をするが，結局は自分の気持ちや考えが伝えられない，こんな自分だから暴力を受けても仕方がないという「マイナスのお客さん」に頭がジャックされてしまい堂々巡りとなってしまう。いわば，苦労の悪循環から抜けられないのだ。

　どうしたものだろうと思っていた頃，浦河べてるの家の向谷地さんのところへ遊びに行き，当事者研究の場面を見学することができた[註1]。私は「苦労の主人公になる」というスローガンに惹かれた。彼女たちはこれだけ苦労につきまとわれながら，実はその苦労の実態を掴めていないのではないか。「自分自身で，ともに」というスローガンも，チャレンジだと感じた。なぜなら人との関係で深い痛手を負ったことで，彼女

たちは自分にも他者にも不信感をもっているからだ。しかし自分が苦労の主人公としてその苦労を見つめるのだが，その作業は一人ぼっちで行わない。これまで彼女たちは，自分のことは誰かが考え決めたほうがよいと確信し，その作業を手放してしまっていた。そして，彼女たちはそれぞれに孤立し，自分のことを理解してもらうことも相手に共感することも諦めていた。しかし苦労そのものを外在化し眺めるという手法は，ともすれば「自分が悪いから」という"染み付いたストーリー"を書き換え，目の前の苦労と折り合いをつけながらなんとか生き延びているわたしという，"新しいストーリー"を紡ぐチャンスでもあるのだ（野口，2009）。

向谷地さんのファシリテートで，研究は常に，①発見，②笑い，③共感に溢れていた。私たちの当事者研究は，この3つをお手本にスタートした。

わたしは（が）困っている？

しかし，物事はそんなに簡単には進まないという現実にぶつかった。それは大きく2つのことに由来すると思う。第1に，参加するメンバーは苦労を抱えている感覚があるのだが，それを「困っている」と言ってよいのかというためらいを抱えている。第2に，困っているということをグループのなかで（他者に）表明することへの恐れが強い。前者については，個人のテーマでありながら，話していくうちにグループのメンバー全員が「それ，私も同じ」と感じ，言葉にする場面を繰り返すことで，少しずつそれぞれのためらいが薄まっていった。その結果，さまざまに異なるテーマの根底に流れる「人との親密さ」に関する研究へとつながっていった[註2]。

後者に関しては，少し慎重さが求められた。私たちの当事者研究は，グループのメンバー相互による語りによって生まれる発見をお手本にスタートしたと述べたが，その過程ではテーマについて話された内容に対して，共感だけでなく「そうじゃない」という気持ち，事実，考えも行き来する。また，テーマを出してくれたメンバーに対していろいろなことを聞きながら，その苦労がどのようなメカニズムによるのかを探求する。そのため，まず当事者研究は多くの質問や考えが交差しながらわいわい

わいとした感じで進められる。しかし初めて参加すると，この状態がメンバーにとっては"怖い"と感じられることを，私はメンバーたちから教えられた。

　暴力のある空間には，つねに強い緊張感が漂う。そうした家族のなかで育つと，自分の感覚を信じ，人と自分が異なることを受け入れることが難しい。つねに力を持つ人に同化し，自分を押し殺し，感じないようにすることで緊張をやり過ごすことになる。そうこうしているうち，人との境界線が曖昧になり，自分が感じていることなのか，相手の感情なのかがわからなくなってしまう。したがって，当事者研究のようにその場でさまざまな感じ方や考えが行き来する（しかもメンバーはみな対等で，横並びの関係ということも混乱の材料になる）と，どれに自分を"合わせればよいか"を見失ってしまう。自分が発した言葉で相手が嫌な思いをしないか，その場を壊してしまわないかなどに気が散って，研究どころではなくなるというのだ。このように境界線を壊されて育つと，「自分の痛み」と「他人の痛み」に区別がつかず，自分の問題には目を向けずに他人の問題を解決しようとする，といった混乱が起こってしまう（上岡・大嶋，2010）。

　そのため当事者研究の場面では，どのようなフィードバックも受け取ることを心がけた。そして感じること自体に「良いか悪いか」はないこと，そしてどのようなフィードバックにもストーリーがあることを確認していった。何より研究は驚きと発見に満ちているという場のダイナミックな動きに支えられ，苦労が笑いに変えられることから，次第にメンバーたちの"怖い"という感覚が薄れていくようだった。そして，新しいメンバーを迎えるたびに，「私たちの当事者研究」を自分の言葉で紹介してもらうことにした。自分の苦労の主人公になるためには，聞き手が重要だ。そして何よりこれを「面白い」と思える空気がその場に溢れていることによって，私たちは何度も大切なことを発見していった。

ジェンダーをめぐる当事者研究

　ジェンダーとは「当該社会において社会的・文化的に形成された性別や性差についての知識」と定義されるが，ここでいう知識とは，通常知

識という言葉が含意する，文章化し記号化し絵に描いたりすることができるものだけでなく，人々が常識として持っている社会通念や社会意識を含んでいる（江原・山田，2009）。

　当事者研究ではさまざまな苦労がテーマとなるが，そのメカニズムを研究していくうちにジェンダーの問題にぶつかる。メンバーたちにとって，苦労は個人的なこととして最初語られるのだが，研究過程で「それは果たして個人的なことなのだろうか」という問いが生まれる。そしてさらに調べたりするうちに「それは社会的なことなのではないか」という結論に行き着くことが多い。しかしメンバーの苦労はなくなるわけでない。だとすれば，何を自分で引き受け，何を引き受けずに社会的な課題として押し戻すかを「より分ける作業」が必要だ。それが首尾よく進めば，苦労の悪循環からメンバーたちは解放される。しかし先述したように，壊された境界線の修復には時間がかかる。「自分が悪い」と思考停止し，症状へ逃げ込むこともある。そのため，研究成果はそのつどまとめられ言語化し，みんなで共有する。そして外部に発表することを心がけている。なぜならメンバー同士の共同作業なので，お互いの同質性と個別性を繰り返し確認し，受け容れあう大事な時間だからだ。こうした気の遠くなるような時間の先にしか，変化はやってこない。

　次に，ここ数年の研究のなかでも特にジェンダーを意識し，考えることになった2つの研究について紹介しよう。日中活動の場は就労継続支援B型へ変化し，利用者数は20名程度となった。また利用者の半数はアディクションと他の精神疾患の重複障害があり，平均年齢は20代と，当事者研究が始まった頃と比較して若年化している。

罪悪感の研究——罪悪感はなくさなくていい？

研究のきっかけと目的
・自分と向き合っていて，切ない，悲しい，苦しいなどの感情から派生する重さの原因を突き詰めると，「罪悪感」が浮かび上がった。
・罪悪感はどこからやってきて私たちを支配するのだろう。それを研究することで，罪悪感が軽くなったり，薄くなったりすると楽になるのではないかと思い，研究をすることになった。メンバーは当時プログ

ラムに参加していた7名。

罪悪感のパターン
(1) メンバーが最も罪悪感を感じる場面・状況について話し合う
- 何気ない会話のなかで自分が言った言葉や態度を，一人になったときに思い出して，相手を傷つけなかったかと考え出すとき。
- 自分の母親に対して，心配や迷惑をかけてきたと感じるとき。
- 夫も精神的不調に陥って，自分が夫を支えることができなかっただけでなく，自分もうつ病で仕事を辞めてしまうなどで離婚に至ってしまったとき。夫の両親に対して申し訳ないという気持ち，子どもを産むことを期待されていたのに応えられなかったとき。
- 精神疾患を発症してから，以前のように人と会話ができなくなり，そのことを自分で責めたり親のせいにしたりするとき。
- 周囲には病気のことを理解してもらえず落ち込んでしまうとき。自分でもどうしようもなくて辛くなるとき。
- 覚せい剤を再使用し，信じてくれた家族，特に娘を傷つけてしまったとき。母親である自分が覚せい剤を使ったとき。

(2) 罪悪感に陥ると何が起こるかについて話し合う
- 抑うつ感がひどくなり，現実から逃れたくなる。
- 飲酒欲求，薬物使用の欲求が高まる。
- 食欲がなくなり，眠れなくなる。

(3) 罪悪感を"外在化"して描いて気づく
- 女性であるがゆえにより罪悪感を強く感じてしまう側面があるのではないか。
- なぜ女性は罪悪感を感じるリスクを，男性より多く背負うのだろうか。
- 現代社会では女性に対する理想像が未だに根強くあり，"女性は〜であるべき"という眼差しがたくさん溢れている——女性は結婚し出産すべき。家庭を守り，夫を支え，子育てを担うべき。家庭に入った女性は夫や夫の親の介護をすべき。シングルマザーは結婚に失敗した人で，家庭をうまく作れなかった等々。
- 女性であることに対して，世間から暗黙の要求がある。自分が女性と

してそうした要求（あるいは期待）に応えられなかった，女性としてあるべき姿を実現できなかったことに対し，虚しさ，切なさが強くなると罪悪感となって湧き上がる。

(4) 罪悪感とどのように付き合えばよいのか
・深く考えず，とりあえず"置いておく"。
・捨てる（それは自分が引き受けなくて良い）。
・なくすのではなく軽くする，薄める手立てを見つけて実行する。

研究の成果と感想
・多少なりとも罪悪感をもちつづけることによって，自省が促され同じ失敗を繰り返さないという側面がある。なぜなら罪悪感のない人は，自分がすべて正しいと思い込んでおり，人間としては悲しいことかもしれない。
・最悪感を抱えながらそれに潰されないようにすることで，むしろ新しいステップを踏み出せるのではないか。
・そもそも自分がどうであったか振り返るという謙虚さの先に，罪悪感があるのかもしれない。ある意味では人間らしいとも言えるのではないか。

スッピンの研究──視線と自己満足

研究のきっかけと目的
・化粧をしないと外へ出かけられないというSちゃん。
・人に自分の顔を見られるのが嫌だから，かつては寝るときもメイクをしたままだった。
・しばらく引きこもっていたが，地域活動支援センター（当時）へ通所を再開。調子がよくないとスッピンで仕方なく出かけるが，スタッフもメンバーからも「そのほうがいいよ」と言われる。
・自分にとって，なぜここまで化粧が重要なのかわからない。ちょうど良いというところもわからない。
・外出OKの化粧にかかる時間は3時間。自分にとって必要な化粧だが，世の中ルールと自分の化粧とが折り合えるところを見つけたい。
・化粧というテーマに関心をもつメンバー7名が研究に参加した。

スッピンの定義
- スッピンとは，①ファンデーションを塗り，②二重まぶた用テープを貼り，③茶系ナチュラル・カラコンを入れること。洗顔と化粧水のみの状態は"スーパーナチュラル"と命名。
- スッピンが続くと「心が弱くなる」。

「外出 OK メイク」までの３時間の行程を書き出す
- 全23工程に及ぶことがわかった。
- すべての工程を眺めながらメンバー全員で検証したところ，メイクは圧倒的に「目」に集中していた。なぜ「目」のメイクがそれほどに重要なのか考えていくと，Ｓちゃんは人と話すときに視線を合わせることが非常に嫌で，思わず目を隠したくなることが多いとわかった。目線とメイクの関係が見えてきた。

化粧がもたらすもの
- メンバーのなかからも，人の視線が苦手で帽子やメガネでブロックするというエピソードが語られた。
- 以前のＳちゃんのメイクは，元の顔がまったく想像できないほどの「厚塗りメイク」だったが，最近は"きれい"を意識し丁寧に化粧をするようになった。
- 現在は就労継続支援Ｂ型の仕事で販売も担当する。スタッフから「その化粧ではちょっと……」と言われることもある。Ｓちゃんも３時間のメイクは疲れるという自覚はある。どこで折り合えるだろうか。

そもそも化粧はなぜするのか（by メンバー）
- 女子として最低限すべきこと，気合のスイッチ，自分へのいたわり，洋服の一部，負担でしかない，身だしなみ，自己満足，などの意見が出された。

それを聞いていたＳちゃんに考えてもらう——私の化粧は……
- 私の化粧は「自己満足」である。

- 今の化粧では，仕事や社会参加の制限という結果になることも少しずつ実感する。
- 自分の化粧を変えていこうとしている自分がいるけど，やり方がわからない。
- いつまでも「自己満足」の化粧では「イタイ人」になる。
- スッピンはコンプレックスをさらすようでイヤだけど……。自分だけが特有の悩みをもっていると思っていたが，大なり小なり結構同じ悩みをもっている人がいるのに驚いた。

研究の成果と感想
- 今までは，周りにどんなことを言われても気にしなかったし，ピンと来なかった。
- ただ素顔を隠すだけの化粧から，綺麗に見せたい，可愛くなりたい化粧へと変わってきた。
- さらに最近では，現実や将来のことも考えるようになって，仕事に適したメイクや素顔を生かしたメイクにも挑戦したいと思うようになった。
- 自分で定義したスッピンでいられる場所は，自分の家と職場のみだが，少しずつスッピンの頻度が増えている。「こっちが本当の自分かな」と思うことが稀にあることに気がついた。

当事者研究がもたらしたもの

　研究テーマはいずれもメンバーが日常的に感じている困難が多いため，極めて個人的な課題のように見える。しかし研究を進めていくほどに，それは"社会的なこと"，つまり社会の構造や無意識的規範等がもたらすものであると気づくことが多い。しかし先述したように，メカニズムが判明したからといって，彼女たちの困難が消えるわけではない。ただ明らかなことは，この探求のプロセスを通じ，メンバーたちがこれまで向き合うことを避けていた現象を，仲間と一緒だから俎上に乗せ，正面から考えることで，その困難が研究後に次々と変化していくという事実である。「罪悪感の研究」では自分の抱える罪悪感を言葉にし，それはどのように自分を苦しめるのか各自に描いてもらった。この体験

で，まとわりつくように正体不明なものが形となり自分との関係が見えた。その時初めて罪悪感の背景には，社会における女性への性別役割期待が横たわっていると"発見"したのである。このことをきっかけに，参加メンバーは罪悪感に打ちのめされることはなくなったと話す。そして"外在化"という言葉と手法を自分の日常で，仲間と使うようになった。「スッピンの研究」のＳちゃんは，その後まさにスッピンで事業所に来る回数が飛躍的に増えた。時にはスーパーナチュラルな状態でも通所できる。年に数回3時間メイクで現れる時は，かなり心身の疲労感が蓄積されており，他者の視線に過敏な状態ということがＳちゃんのみならず周囲で付き合う他のメンバーやスタッフに共有されることとなった。化粧の苦労は解決したわけではないが，Ｓちゃん自身を含め現象およびその背景への理解が深まったことで，付き合い方が大きく変化した。そしてこの研究においても，化粧が女性にとってどのように"社会的要請"として内面化されているかを話し合うことになった。

　2017年現在，当事者研究に参加するメンバーはさらに若年化し，学業からも早期に離脱して社会体験も少ない。また知的あるいは発達障害と精神疾患との重複者が大半であるため，言語を媒介にした研究を進めること自体に課題が多い。そこで2016年より，発達障害を持つメンバーのみで当事者研究を開始した。こちらは別稿にて詳解するが，両方とも大切なのは発見，笑い，そして共感であることに変わりない。それらに十分満たされるときに，言葉が生まれる。当事者研究は，言葉にすらならなかったもの，思い，体験を見えるようにしていく。それが"対話"を通じて行われるからこそ，見出された苦労は自分のものであり，それとの付き合い方が私たちを変化させるのだと感じている。

▶註

1　この訪問の少し前に，『べてるの家の「当事者研究」』（浦河べてるの家，2005）が刊行された。本書はその後も長く，私たちの当事者研究でもテキストとして使用された。

2　「日常会話の研究」「(人との) 距離感に関する研究」「口ごたえの研究」「罪悪感の研究」など，研究テーマや切り口は異なるが，困っている状況，背景，パターンなどをたどっていくと，この社会で女性に期待される振る舞い，受動的であることなどのジェンダー規範が大きな影響を与えていることがわかる。メンバーは

それを加害者から直接刷り込まれる場合だけでなく，メディアや学校生活などの体験を通じて内面化する傾向がある。加えて直接的な暴力被害体験によって力を奪われる／否定されるため，規範そのものを疑うことは極めて困難になる。詳細については，Bancroft（2002），国広（2009），斎藤（2009），大嶋（2004）を参照されたい。

⦿ 文献

Bancroft L（2002）Why Does He Do That? : Inside the Mindsof Angry and Controlling Men. Wendy Shaerman Associates, Inc.（高橋睦子，中島幸子，山口のり子 訳（2008）DV・虐待加害者の実体を知る あなた自身の人生を取り戻すためのガイド. 明石書店）
江原由美子，山田昌弘（2009）ジェンダーの社会学入門. 岩波書店.
上岡陽江，大嶋栄子（2010）その後の不自由—嵐のあとを生きる人たち. 医学書院.
国広陽子（2009）メディアにおけるステレオタイプとしての主婦像構成の規定要因——観察結果の考察. In：天野正子，伊藤公雄，伊藤るり ほか編：新編 日本のフェミニズム7 表現とメディア. 岩波書店, pp.194-205.
野口裕二 編（2009）ナラティヴ・アプローチ. 勁草書房.
大嶋栄子（2004）暴力被害者の安全とつながりの感覚，その再生を目指して. 社会福祉研究 91 ; 63-69.
斎藤美奈子（2009）アニメの国. In：天野正子，伊藤公雄，伊藤るり ほか編：新編 日本のフェミニズム7 表現とメディア. 岩波書店, pp. 206-220.
浦河べてるの家（2005）べてるの家の「当事者研究」. 医学書院

初出：『臨床心理学』増刊第9号〈みんなの当事者研究〉2017年

発達倶楽部の当事者研究

特定非営利活動法人リカバリー

発達倶楽部＆ 大嶋栄子

"はったつ"という惑星(ほし)の人たち

　NPO法人リカバリーは，北海道札幌市で，さまざまな被害体験を背景にもつ女性の支援を行っている。2002年に開設し2004年にNPOとして認証されたが，現在は「障害者総合支援法」に基づく4つの事業所を運営する傍ら，専門職や市民に向けたメンタルヘルスに関する研修を企画するなど，女性が安全に暮らせる社会づくりを法人のミッションとして掲げている。

開設から2010年頃までは，暴力被害の傷みを自己治療する目的で，アルコールや薬物使用に依存する"アディクション"問題を抱える人たちの利用が多かった。しかし彼女たちの物質使用が止まり数年経過するなかで，私たちスタッフは，"アルコールや薬物使用が止まっているのに社会へと送り出せない"彼女たちが抱える，不思議な困難にぶつかるようになった。同時にこの頃から利用者がより若年となり，多くが学校生活を早期に離脱しその後引き籠るか，家族の暴力から離れて生活する人が増えた。人との接触が苦手で，スマートフォンのゲームや音楽など自分の"閉じた"世界にいる時間が長い。軽度の知的障害を併せ持つ場合もあるが，多くは一見するとどこにでもいるような若者で，精神的不調の内容としては漠然とした不安感，対人緊張の高さ，浅い眠りなどを主訴に通院するが，就労を自分には高いハードルと捉えていた。

　2005年より通所型事業所にて当事者研究を行ってきたが，近年，自分の苦労に伴う自己開示へのためらいや，参加メンバーのフィードバック（反応）を怖がるという従来の傾向とは異なる，「日本語がうまく通じていない」感覚にファシリテーター自身が遭遇するようになった。同じ言葉をしゃべっているようだが，その意味世界や文脈にズレを感じる。「そうそう」と相槌を打っていたら最後は全く違う話になって驚いたり，またあるときは，話がどうも噛み合わないと思ったら，すでに移ってしまった話題について話を続けるメンバーがいて，2つの研究テーマがグループのなかで錯綜するといった場面もあった。そしてニキ・リンコさんの書籍などを通じて，私たちはこうしたズレの多くがいわゆる発達障害の特性と深く関わるものではないかと考えるようになった[1]。

　私たちは地球という惑ほ星しで生きているが，この惑星には，姿形や言葉などが共通であっても，見え方や聞こえ方，情報処理の仕方や発信方法などが異なる仕様である"はったつ"という惑星の人たちも生きている。私たちのほうが今のところ数的には多い（多数派）ので，社会の仕組みはそちらに合わせてできているが，"はったつ"の惑星の人には不便なことも多い。そして同じ"はったつ"の惑星にもいろいろ多様な人たちがいることがわかってきた。そこで，それまで一緒に行ってきた当事者研究を，進め方を変えるなどして2016年から「発達倶楽部」と

命名し，別グループとしてスタートすることになった。発達倶楽部が目指しているのは，当事者研究を通じて「私たちってこんな風になっている」と自分への理解を深めること，そして「同じ"はったつ"でも，一人一人が違う」ことを受け容れること，そして何より「わいわいガヤガヤ楽しく研究」することである。現在の参加メンバーは7～8名。全員が成人に達してから診断を受けており精神疾患を抱えている。なおメンバーの平均年齢は27歳である。

その場の言葉を大切に，まとめはしない，情報量は少なめに

　実は「発達倶楽部」がスタートするさらに1年半前から，自分のことを相手に伝える・理解してもらうことへの苦労を抱えるメンバー数人と，書籍の輪読を始めていた。当事者研究というより，本の読み合わせをしながら感じたことを自由に話すという時間だった。このときに気づいたこと，またこれまでの当事者研究とあえて別にすることの利点を検討したうえで，進め方は以下の3点を心がけることにした。

その場の言葉を大切に
　メンバーたちは研究への関心が高く，「大変だ～」と言いながらも発見や仲間との分かち合いを楽しんでいる。しかしこのプロセスは"言語"を通じて行われる。この"言葉にする"ことが，メンバーにとっては楽しみであると同時に大きなハードルにもなる。共感にせよ違和感にせよ，感じていることがあってもどのような言葉で表すかが難しい。「それってどういうこと？」と，もう少し説明を求められる場面もある。その場で交わされている考え・思い・対応策などを理解し，咀嚼したうえで自分もその会話に参加していくという一連の言語活動が相当な負担にもなっていく。

　さらに，メンバーの言葉は文脈とは関係なく「浮上」してくることがある。その人のタイミングで，その人の言語野において整ったときに発せられる言葉は，そのときに交差する会話群とは合致しないことも多い。その場合にはグループが一旦そこで停止し，状況を共有する。そしてその言葉の前後にどのような体験や思いが，どのような文脈でつなが

るのか，ゆっくり「問い返し」を重ねることを通じメンバー全員で共有する。メンバーのなかには，自分の感性と異なる言葉遣いを厳しく注意されてきた経験をしたり，家族のなかにも会話がほとんどなかったりするなど，言語をめぐるネガティヴな経験を重ねてきた人が多く，異なる苦労が重なっている。

　加えて自分に起こっている現象を，どのように言葉にすれば伝わるかを理解するのが難しいとメンバーたちは言う。話したときに相手が自分を理解しようとしない態度でいると，話したこと自体を否定されたように感じてしまう。また，伝わっていないと感じても，「わかったよ」と言われると，自分が伝わっていないと感じていることと相手の「わかった」という言葉のちぐはぐさに戸惑う。「発達倶楽部」ではメンバーそれぞれが，自分に起こっていることは独特で，他者に理解してもらうことが難しいという共通の苦労を抱えている。そのため可能な限り，その場で発せられる言葉を大切に取り扱うことを心がけている。

まとめはしない

　これまで研究で発見されたことは，できる限りパワポにまとめて発表するようにしてきた。そのプロセスを通じて，改めて研究における発見を自分に引き寄せることが可能になる。しかし「発達倶楽部」ではこれを行わない。毎回の様子を録音して，簡単な記録を取っておくだけだ。
　"はったつ"とは小さな惑星群のようだ。同じ困難でも表現方法が実に多様で，だからこそ苦労するのだが，それでも小さな同じを見つけて安堵し，お互いの苦労を披露しては「えええ～っ!!!」と驚き，笑い，慰め合う。まとめるという作業は，どうしてもこの多様性を切り落として単純化し，明確化することで微妙な差異を見えなくしてしまう。現在は，自分たちのことを知りたいという気持ちと同時に，"はったつ"でもこんなに違うということを知りたい，そして「ふつう」の人たちはこんなときにどう見え，聞こえ，考えるのかなど多数派の世界も知りたいとメンバーたちは感じている。そこで，まずは何が起こっているのかを知り，今まで言えなかったこと（驚かれると困惑し，恥ずかしさが湧き上がるという）を言葉にする時間とした。

しかしメンバーの夢は，いつかこの体験を一冊の本にまとめることだという（矛盾はいつものことである）。自分たちのように社会のなかで生き難い人もまた，なんとか生きていけることを知らせたい，そして役立つことを伝えたいという気持ちがある。自分の体験が誰かの役に立つということ自体が，自分を生かすことになるというセオリーは，これまでアディクションの世界では当たり前に使われてきたものであり，精神保健の領域でも「ピアサポート」として，盛んに活動が行なわれている[2]。今回の論考を専門誌に掲載することについては，メンバーとも話し合った。いつもはまとめないことをどう"まとめられるのか"を，彼女たちが楽しみにしているのが伝わってきた。

しかし「発達倶楽部」では，基本としてわからないことはそのままにする。まとめようにも脱線が多く，話はしばしば空中を浮遊し，誰が何に応答しているのかがわからないときもある。しかしその自由さこそが，メンバーの言葉を「浮上」させるのではないかと考えている。

情報量は少なめに

いつも「発達倶楽部」は60分以内で終わるように心がけているが，ついつい時間をオーバーしてしまう傾向がある。先日は言語プログラムにおける集中力とエネルギーの消費に関して，以下のようなやりとりが交わされた。

> 大：「発達倶楽部」は言葉を使って考えるから，みんな相当エネルギーを使うだろうなって思う。携帯みたいに充電しながらバッテリーが切れないように，とはいかないしね。エネルギーの消費量が大きいでしょ。
> とも：そもそもバッテリー消費の調節ができない。一方的にどんどん減っていく。
> Ｉ：私は，わからない言葉が出てくると，そこで頭が止まる。みんなが最新のスマホだとすると，自分はガラケーみたいで，処理能力が遅い。今日は向かいに座っているみやさんが抱えているクッションの柄が目に飛び込んで，最初から頭が止まり気味（一同笑）。でも

バッテリー切れそうなときはわかるようになってきた。

なな：自分の頭のなかに「保留ボックス」があるの。バッテリーが少ないときは頭が止まるから，そこにみんなの話したこと，自分の見たことを一旦入れておく。「保留ボックス」に録音されているので，あとで巻き戻しが可能なの。「発達倶楽部」に参加していても「ここにいない」ことはある。自分がすぐに話されていることを思い浮かべられないと，想像力にかなりのバッテリー使う。

Ｍ：集中は5分しかできない。5分おきにスイッチ切れてまた入ります。

うぶ：話されていることを理解するのに，想像力でかなりカバーしている。心理検査でもそういう結果が出た。社会の人たちが行っていることを見ながら，そこから外れないように振る舞うのにも想像力を使っている。

とも：私も想像力は割とあるほうだと思う。むしろ人の気持ちっていうか，情感はわからないし難しい。

Ｉ：難しいね。

大：言葉の引き出しが少ない感じかな？

みや：私のパートナーは，同じく"はったつ"ですけど，自分の知っている言葉と説明がうまく噛み合っていないことがあって，そんなときは混乱している。

なな：自分の想像力と相手のそれが違う場合に，誤解や怒りに変わってしまう。しかも違うことすらわからないことがある。違う次元で話しているようだと指摘されて，噛み合わないことに気がついた。

Ｉ：言語のプログラムではやっぱり想像力で消耗する。

うぶ：その想像力を言葉にするのが難しいから，時々イライラする。

のり：この間，情報が一度に頭にいっぱい入って混乱した。そういうときは絵に描いて，短いフレーズにしてみたら整理できた。相手に伝えるのも必死だから。フォルダー作るみたいに，目に見える形にしておかないとぐちゃぐちゃになる。

大：言語じゃない（言語を使わない）当事者研究の方法が今後は必要だね。映像とか，音とかに字幕をつけると，みんなの世界の見え方や捉え方を伝えられないかなー。ぼんやりとした，曖昧な言葉にし

かできないこともあるから。
とも：それを編集できる技術が欲しい。できそう。
　大：ともちゃんが，ある日世界をドレミで捉えるようになっていく体験とか，聞いたときに想像することが難しかった。幻聴ではないと言われて，そうか，でもわからない。
とも：この日は「ド」とかね。その音のときに自分が頑張らないと，何か世界が成り立たないような気持ちになって，ぐっと力が入る。気が抜けないというか。引きこもっていたから，何もすることがなくなったときに，ドレミの世界に引っ張られていった。
うぶ：自分が想像していることを言葉にするのが，すごく大変。
とも：それ，私，諦めている。頭に浮かんだことをぽっ，ぽっと，とりあえず話している。
　Ｉ：今日は音声で頭が埋め尽くされていた。しばらくぼーっとしていたら，さっき話されたことがようやく処理されて，今は脳みそのなかが少し"空いた"。
　大：頭のなかを休める方法，チャージの仕方がいろいろあるようだね。うーん，これで原稿が書けるだろうか。
一同：(笑)

仲間とともに

　私が日常的に付き合う"はったつ"という惑星(ほし)の人たちは，自分がもつ独特の感覚を隠し，周囲に合わせることに多くのエネルギーを使いながら，必死に生き延びてきた。そしてある地点から急速に適応のエネルギーをチャージできなくなり，社会のなかに居場所を見つけられなくなった人たちだ。
　ともちゃんがクスリを止め，その後突然に長い引き籠り生活に突入したときには，何が起こっているのか理解できなかった。そのともちゃんからSOSの電話が入り，入院生活をきっかけに立て直しを図ろうとしたとき，「世界がドレミなの」と聞かされた私は，返す言葉を失った。その後数年間に及ぶ援助の過程で，初めてともちゃんの頭のなかで起こっていたことを知ることになった。その体験は，次に出会うAちゃんに生

かされた。地図が読めず，空間の認知が苦手で，目的地にたどり着けないAちゃんと一緒に，自転車で道順を確認したときのことだ。やれやれ，これで大丈夫と二人で道順をおさらいし，さあ帰ろうとしたときにAちゃんが言った。「大嶋さん，私，帰り道はどうしたらいい？」。そのとき初めて私は，Aちゃんには行きに見えた風景をひっくり返して想像し，帰り道とすることができないことに気づかされた。

　次にのりちゃんと出会ったときには，衝動性ということについて考えさせられた。そして頭のなかで多くの刺激がはじけるときに，実にクリエイティヴな作品となって溢れ出すと同時に，生活は収拾がつかなくなり破綻することも知った。また，Iちゃんと付き合うときには，長い沈黙に耐える必要があった。繰り返されるリストカットの傷は数十本に及んだが，この数年は言葉がようやく生まれはじめて，その傷跡は次第に目立たなくなった。

　こうして一人一人との体験は次の"はったつ"の人たちとの関係に生かされていく。しかし，誰一人として同じではないから，新たな出会いのなかでまた別の発見をしていくことになる。ところが，そこに当事者研究の手法を取り入れることで，メンバーだけでなく筆者自身も，彼女たちの感覚の独自性と，それでいて多様である現実をより深く理解していくことが可能になった。言語にすることの大変さに関してはすでに述べたが，「見える化」作業にも取り組んでいる。発達障害にあるとされる特徴を線状にした場合に，自分はどこに位置するかを点で示し，さらに各点を線で結ぶことで，それぞれの"発達障害の特徴における凸凹"を図化してみた（図1〜2）。一人一人は同じ"はったつ"であっ

図1　発達障害の特徴における凸凹①

図2　発達障害の特徴における凸凹②

ても「違う」という言葉が，違うカタチとして現れることで"腑に落ちる"。こうした体験を積み重ねていくことは，なかなか「わかった」を他者と共有するのが難しい彼女たちにとって，とても重要だ。

　いつか彼女たちと一緒に，映像・文字・絵画・ナレーション・アニメーションなどを自在に組み合わせて，それぞれの世界を表せないかと考えている。言葉に疲れたとき，そんな世界を通じてお互いがより多くの人と（望む場合には）コミュニケーションできたら楽しそうだ[3]。一方で，それでもこの社会が強要するルールのなかで生きる苦労は続くだろう。だからこそ発見と，驚きと，共感をつなぐ当事者研究が必要だ。なぜなら，ワクワクは心を柔らかくし，怖れをそっと後方へと追いやるものだからだ。

註
1）あるメンバーが自分の発達障害に気づくきっかけとなった本として紹介してくれたのは，ニキ・リンコ＋藤家寛子（2004）『自閉っ子，こういう風にできてます！』（花風社）である。ほかにも神田橋條治（2010）『発達障害は治りますか』（花風社），綾屋紗月＋熊谷晋一郎（2008）『発達障害当事者研究—ゆっくりていねいにつながりたい』（医学書院）などを，発達障害を自認するか，あるいは診断を受けたメンバーたちと一緒に輪読した。
2）アディクションの自助グループで使用される回復のための12ステップは，自分がアディクションに対してコントロールを失いどうすることもできないと認める「第1ステップ」から始まるが，最後の12番目のステップは，「自分の体験をまだ苦しんでいる仲間に伝えること＝メッセージを運ぶ」で締めくくられる。メッセージを運ぶ＝自分がかつてどうであったかを語ることで，自分の現在を確認できる，すなわち自分自身のクリーン（使わないで生きる）が続いていくことにつながる。また，精神保健の領域では同じ病いの体験をもつ人が，「ピアサポーター」として地域生活に移行する人のアドバイザーとなり，相談に乗るなどの活動が広く行われている。
3）2017年日本公開のドキュメンタリー映画『僕と魔法の言葉たち』（原題：Life, Animated［ロジャー・ロス・ウィリアムズ　監督／アメリカ作品］）では，主人公の見え方や聴こえ方に関して多くのアニメーション，映像で表現されていた。メンバーはそれぞれ映画館に出かけ，作品を鑑賞した。このような機会を通じて自分について考え，理解していくことも貴重である。

初出：『臨床心理学』増刊第9号〈みんなの当事者研究〉2017

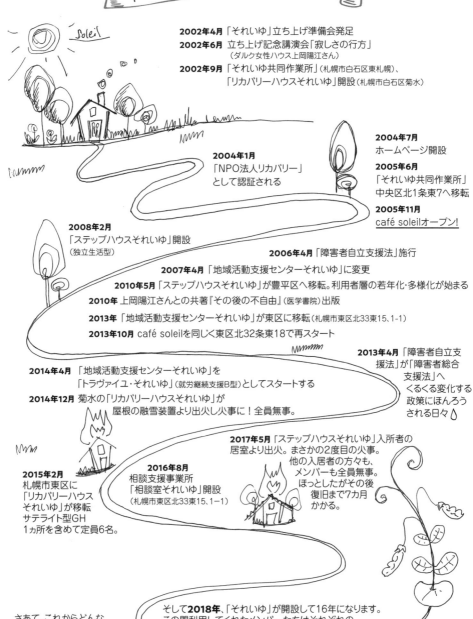

おわりに

　法人が賛助会員に向けて、年に4回発行する機関誌は現在、57号となりました。4回の約束を守れなかった年があるので、半端な数字になっています。それは、いつも以上の「とんでもない事」が起こったためだと思います。「それいゆ」のメンバーたちには馴染みのある、「大変すぎて記憶がない」時期があるので、発行作業も当然ですが中断となります。

　本の編集を進め、書き下ろしの原稿を書いて読み返したときに、二つのことに気づきました。一つは、一年がものすごいスピードで流れていると、何度も強調していること。もう一つは、内容がとにかく「重い」ということです。もし自分が、他の社会福祉法人やNPOが活動の記録として書籍化したのをいただくとしたら、こんな本はイヤかもしれないとちょっと焦りました。でも、これが私たちの日常です。

　ですが、苦しいことばかりではありません。
　お腹を抱えて笑うこと、嬉しくてそこら中の人とハグするようなことも、「それいゆ」の日常には溢れています。「それいゆ」にお越しいただくと、そういう瞬間をメンバーと一緒に味わっていただけると思います。

　この本の完成を見ることなく、旅立ってしまった末神さんと小松さんが読んだら、なんて言ってくれるでしょうか。二人がいなくなった後も、やっぱり大変ですが、なんとかやっていますよ。そして、『往来葉書』という手法で私たちに多くのことを伝えてくれた、芸術家の小林重予さんご逝去の報に触れ、『精神看護』誌に掲載した論考を、本のなかに入れることにしました。3人とも、これからの「それいゆ」を見守っていてくださいね。

　かりん舎さんは、開設当初からいつも私たちの活動を応援してくれま

した。坪井さんと高橋さんのお二人がいなければ、「それいゆ」の記録は、未だに整理されることのないままだったと思います。いつも時間に追われて、あたふたと走り回る私を、笑いながらしっかりとしたタイムスケジュールで支えてくれました。本当にありがとうございました。

　この本は、「それいゆ」を利用してくれたみんなの言葉、とんでもないエピソード、そしてビョーキの力によって生まれました。その意味で、みんなとの共著です。そして、それに辛抱強く付き合ってくれるスタッフ達のエネルギーと、「それいゆ」が掲げるミッションへの熱い思いが、それらの「とんでもないこと」を「よりよく生きることへの希望」につなげてくれました。心からありがとうね。みんなと一緒に、これからもぼちぼちと「それいゆ」を続けていきたいと思います。

　すでにお気づきの方もいらっしゃるかと思いますが、「嵐」のあとを生きる人たち、とは、上岡さんとの共著『その後の不自由』（2010年、医学書院）のサブタイトルです。「嵐」＝様々に理不尽な出来事、の渦中にあるのはもちろん大変ですが、"その後"をどう生きるのかに関しては、別の意味で苦労が多いのです。「それいゆ」の記録を一冊にまとめていくなかで、このタイトル以外には考えつきませんでした。そのような意味で、同書の姉妹のような一冊としてお読み頂ければ嬉しいです。

　のりこさんには、素敵な挿画を描いていただきました。過去の壮絶な毎日（精神病院に入院中）のなかで描いた作品が、ピッタリときました。感謝です。

　そして最後になりますが、この本を手にしてくれたあなたに、心からありがとう。

2018年5月

大嶋　栄子

□ 著者紹介

特定非営利活動法人
リカバリー

2002年9月、様々な被害体験を背景にもつ女性の包括的支援を目的に、「それいゆ」（フランス語で"太陽"）と名付けた作業所とグループホームを開設。2004年に「NPO法人リカバリー」として認証され、現在は「障害者総合支援法」に基づく4施設を運営する。またこの他、市民や専門職を対象とした講演会、研修会等を開催している。法人は賛助会員を募集中。
詳細はホームページを参照。www.phoenix-c.or.jp/~recovery/

大嶋　栄子

北星学園大学大学院　社会福祉学研究科　博士後期課程満期単位取得退学。博士（社会福祉学）。精神保健福祉士。精神科ソーシャルワーカーを経て、2002年に「それいゆ」を立ち上げる。
著書に「フェミニスト・カウンセリングの現在〜カウンセリングルームぽれぽれの実践」（井上芳保編著『カウンセリング−幻想と現実』所収、現代書館）、『その後の不自由』（上岡陽江と共著、医学書院）など。
フェミニスト・ソーシャルワークについて実践と研究をおこなっている。

"嵐"のあとを生きる人たち
「それいゆ」の15年が映し出すもの

2018年5月25日発行

著　者：特定非営利活動法人リカバリー
　　　　大嶋　栄子

表紙・本文カット：のりこ
大扉装画：末神久美子

発　行：特定非営利活動法人リカバリー
　　　　札幌市東区北33条東15丁目1-1
　　　　エクセレムビル4F
　　　　TEL：011-374-6014
　　　　FAX：011-374-6041

発売元：有限会社 かりん舎
　　　　札幌市豊平区平岸3条9丁目2-5-801
　　　　TEL：011-816-1901
　　　　FAX：011-816-1903

制　作：有限会社 かりん舎

ISBN 978-4-902591-31-6